죽은 교사의 사회

죽은 교사의 사회

영화, 교사에게 말을 걸다

차승민 지음

케렌시아

'대마왕' 차승민 선생님은 영화로 자신에게 말을 건다. 그는 교실에서 아이들과 영화를 찍듯 대화한다. 사랑을 고백하고 때로 목청을 돋워 외친다. 그의 심장에서 고동치는 소리는 '기본' 그리고 '기초'다. 그는 사람이 기본적으로 갖추어야 할 소양과 인격 그리고 이를 위해 '기초를 튼튼하게 가르치는 것'이 교육 아니냐고 묻는다. 〈죽은 시인의 사회〉에서 키팅 선생님은 우리 사회에 '카르페 디엠'을 전파했다. 그런데 대마왕은 그를 불편해한다. 아이들에게 자유를 꿈꾸게 하려면, 그만큼의 책임도 따른다는 것을 강조해야 하기 때문이다. 그러나 학생 한 명 한 명 그대로를 뚫어지게 바라보는 대마왕은 키팅 선생님과 닮았다. 그것이 교육자의 '기본'이기 때문이다. 대마왕은 영화로 말을 걸고, 교사로서 오늘도 그 삶의 무게를 견딘다.

구민정 · 교수, 『말이 몸이 되는 날』 저자

오랜 기간 영화를 교육 현장에 적용하기 위해 노력해 온 차승민 선생님께서 새 책을 내셨다. 거의 영화에 문외한인 나에게 책의 추천사를 부탁하시니 며칠을 고민하다가 수락하고 많은 후회를 했다.

　'오마이뉴스'에 영화에 대한 감상을 여러 차례 올린 것 외에는 영화의 본질이나 영화의 교육적 적용에 대해서는 전혀 생각하지 못한 나에게 이 책은 완전히 새로운 세계를 보는 놀라움이었다.

　저자는 서문에서 이렇게 말한다.

　"나에게 영화는 공기와 같다. 책과 함께 세상을 보는 또 하나의 창이자 내면을 돌아보게 하는 열쇠다." 놀라운 이야기가 아닐 수 없다.

　나도 오래 영화를 보아 왔지만, 언제나 영화는 영화일 뿐, 그저 허구의 세계라고 쉽게 단정지어버렸다. 그런데 저자는 나와 전혀 다른 방향을 선택했고 그 결과 교실에서 아이들에게 영화를 통해 수업을 하고, 수업 장면에 영화를 개입시키는 새로운 경지를 창조해 냈다. 저자는 이미 2016년에 『아이의 마음을 읽는 영화 수업』이라는 책을 통해 영화와 교육을 연결시키려고 시도한 바 있다. 그리고 이번에는 좀 더 영화를 깊이 해석하고 거기에 자신의 교육적 철학까지 투영한다.

　저자는 초등학교 교사다. 교실 수업 장면에서 아이들에게 어떤 방식으로 다가서야 하는지에 관해 만날 때마다 번득이는 아이디어를 말하며, 동시에 그런 문제를 절치부심하는 타고난 교사다. 저자와 알게 된 지난 몇 년 동안 나는 늘 그로부터 많은 것을 배웠다. 비록 내가 중등교사지만 나에게 그의 수업 방법과 특히 영화를 이용한 수업은 완전히 새로운 세계였다.

영화를 교육 현장에 끌어들이고 그로부터 새로운 방향을 모색하고 그 과정을 아이들과 함께하는 저자의 고민과 방법 그리고 영화 해석을 교육에 적용하는 저자의 탁월함은, 이 책 전체에 녹아 있음을 느낄 수 있다.

뿐만 아니라 저자의 교육적 견해는 매우 광범위한 영역까지 미치고 있는 동시에 교실 안 아이들의 미세한 부분도 놓치지 않는다. 그 양면성은 영화라는 새로운 방향을 발견하고 그 방향에 대한 깊이 있는 접근이 이 책의 출발점이었을 것이다. 이미 저자는 교사와 여행 관련 책『교사, 여행에서 나를 찾다』를 펴냈으며 그 외에도 9권의 교육 도서를 출판했기 때문에 출발점이라는 말은 어울리지 않을 수도 있다. 하지만 늘 새로운 방향에는 새로운 출발점이 있다. 그런 점에서 이번 책은 저자에게 어쩌면 또 다른 방향의 시작이 될 것이다.

영화 속에 함축된 의미를 재해석하는 재미와 그것이 향하는 교육의 방향이 씨실 날실처럼 얽혀 완성된 25편의 조화로운 이야기는 독자에게 이전의 어떤 영화 및 교육 관련 책에서 느낄 수 없는 뚜렷한 방향성과 의미를 동시에 가져다줄 것이다.

쉽지 않은 두 세계, 즉 교육과 영화를 연결하고 동시에 새로운 방향을 제시한 차승민 선생님은 우리 교육의 귀한 자산이 분명하다.

김준식 · 교사, 『중학교 철학』 저자

영화를 좋아하며 교실에서 아이들과 영화 읽기 수업을 해온 교사로서 이 책을 흥미 있게 읽었다. 책 속의 영화들은 대부분 본 것이지만, 나와 다른 시선, 내가 미처 못 봤던 포인트를 짚어 내는 저자 특유의 관점에 선한 자극을 받았다. 얼핏 봐서는 교육영화 에세이려니 했는데, 교육과 관계없는 영화들이 목차에 포함되어 있는 것이 뜻밖이다. 영화 속 장면과 등장인물의 삶의 편린을 저자의 삶과 교실살이에 연결 짓는 창의적인 스토리텔링 전략에 무릎을 치게 된다. 영화를 사랑하는 교사, 영화를 매개로 참신한 교육 실천을 꾀하려는 교사에게 유익한 참조가 될 좋은 책이다.

이성우 · 교사, 『철학이 있는 교실살이』 저자

선생님이라면 누구나 한 편의 영화 같은 경험을 품고 있다고 생각한다. 그래서 영화와 함께 펼쳐지는 차승민 선생님의 이야기가 우리의 것처럼 느껴진다. 지금도 영화를 만들어가는 듯한 선생님들에게 이 이야기는 '주말의 명화' 같은 이야기가 될 거라 믿는다.

이해중 · 교사, 『세상에서 제일 쉬운 교육영화 수업』 저자

영미문학 번역의 대가인 김동욱 서강대 명예교수가 기고한 '외국 영화의 한국어 제목 오역'이라는 논문에 따르면, '죽은 시인의 사회 (Dead Poets Society)'를 영화 제목을 오역한 대표적인 사례로 들었다.

'Society'는 사회라는 뜻이 아니라 클럽이나 동아리에 가깝다고 설명하며 작고한 시인들의 작품을 읽고 연구하는 동아리 모임이란 뜻이라 밝혔다. 따라서 '죽은 시인의 클럽(동아리)' 정도로 번역하는 것이 적합하다고 제시했다.

영화적 맥락을 더해 좀 더 풀어보면 '작고한 시인들의 작품을 교사와 함께 읽고 연구하는 고등학생들의 모임이나 동아리'가 적당하다. 그러나 〈죽은 시인의 사회〉와 〈작고한 시인들의 시를 읽는 클럽〉이 주는 어감은 천지 차이다. 그렇다고 영화 〈죽은 시인의 사회〉가 가진 영화적 가치와 맥락을 폄하하고 싶지 않다. 하지만 다른 면에서 보면 또 다른 시각이 존재한다는 사실도 부정할 수 없다.

이 책의 제목을 '죽은 교사의 사회'로 정하기까지 많이 고심했다. 2023년 서이초 교사 사망 사건을 비롯해 교사가 세상을 등지는 참담한 현실이 벌어졌다. 그 시류에 편승해서 관심을 끌기 위한 제목으로 비칠까 하는 걱정도 없지 않았다. 하지만 이 책을 통해 영화 속에 나오는 교사의 모습을 발췌해 교육의 이야기를 풀어보고 싶었다. 밝고 희망에 찬 내용도 있지만, 현장 교사가 아니면 알 수 없는 내면의 아픔과 슬픔 그리고 분노도 영화 이야기로 풀고 싶었다.

영화로 수업을 하며 오랫동안 영화를 봤다. 수업이 아니더라도 학창 시절부터 영화를 즐겼고 지금도 영화 보는 것은 일상이다. 나에게 영화는 공기와 같다. 책과 함께 세상을 보는 또 하나의 창이자 내면을 돌아보게 하는 열쇠다. 하지만 이건 빙산의 일각이다.

나에게 영화는 그 자체가 오락이었고 휴식이었으며, 욕망과 탐욕, 불안과 걱정, 공포를 경험하는 기회였다. 살아보지 않은 삶을 느끼는 기회가 되었고, 살아봤으면 하는 삶을 살아보게 해줬고, 경험해 봤으면 하는 것을 경험하게 해줬다. 영화는 강렬했고 흥미로웠으며 마치 끊을 수 없는 마약처럼 늘 내 곁에 있었지만, 흐르는 물과 스치는 풍광처럼 붙잡아 둘 수 없어 흔적도 없이 사라졌다.

문득 의문이 들었다. 스크린을 사이에 두고 펼쳐지는 영화의 세상이 과연 진짜인지 아닌지 말이다. 물론, 허구란 것을 안다. 그러나 그럴듯한 허구이기에 관심과 흥미를 가지고 지켜본다.

세상에 이런 일이 있을 수 있을까?
나만 이런 일을 겪은 걸까?

다른 사람은 어떨까? 그들의 삶도 나와 같을까?

특별한 듯하면서도 비슷한 타인의 삶이 스크린에서 펼쳐질 때 또다른 경이로움이 된다. 그러면서 영화 속 주인공의 이야기는 남의 이야기가 아닌 나의 이야기가 된다. 묘하다. 혼자 그려본 상상이 화면에 펼쳐지는 모습을 보며 주인공의 이야기가 곧 나의 이야기인 것 같이 몰입한다. 그러면서 영화 속 주인공의 상황과 모습에서 나와 비슷한 점과 다른 점을 찾는다. 주인공의 감정 선을 따라가고 함께 한다. 때로는 분노하고 때로는 같이 흥분한다. 영화에 몰입하다 보면, 느낌이 온다. 내가 영화 속 주인공의 삶을 보고 있는 것인지 아니면 영화 속 주인공이 나의 마음을 읽고 연기하는 것인지 구분이 모호해진다.

그러다 문득. 나와 전혀 다른 삶을 살 것 같은 타인 역시 진폭의 차이가 있을 뿐, 각자의 삶의 무게를 견디며 살고 있다는 생각이 들었다. 그러자 오히려 마음이 홀가분해졌다.

난 아이들과 영화로 수업을 했다. 많은 시간 영화 수업을 하면서 영화를 보는 시각 자체가 변했다.

영화는 자체적인 의미와 메시지를 담고 있다. 그래서 처음엔 영화가 주는 메시지를 충실히 읽으려고 노력했다. 그것을 수업에 활용해서 교육적인 메시지를 찾아서 아이들과 이야기하려 했다. 그런데 아이들은 영화가 주는 교육적 메시지보다 주인공의 삶에 더 큰 관심을 보였다. 영화의 주제를 중심으로 영화 속 이야기와 메시지를 수업의 재료로 쓰더라도, 그것을 그대로 전달하는 것보다 영화 속 이야기를 아이들과 함께 해석하는 것이 더 교육적이란 걸 알았다.

영화의 주제를 찾는 것이 무의미한 것은 아니다. 그건 자주 보고 많이 보면 자연스럽게 늘어난다. 진정 중요한 것은 '영화 속 타인이 삶과 상황을 살피고 그것을 어떻게 해석하고 느끼는가'이다. 영화로 수업할 때만큼은 교사와 아이는 동등한 위치에서 각자 자기가 보고 느낀 것을 공유한다. 대신 아이들보다 먼저 살아온 교사가 먼저 삶의 조각을 내어놓을 때 더 풍성한 이야기가 나오고, 오해에서 생기는 오류도 조절할 수 있다.

이 책은 영화를 설명하며 해석하여 나의 의견을 덧붙이는 영화 에세이가 아니다. 영화 수업을 위한 안내서나 수업 방법을 기술한 것도 아니다. 영화 전문가로서 영화를 소개하는 책은 더더욱 아니다. 영화 속에 등장한 교사들의 삶과 이야기를 소재로 우리 현실의 학교와 교육 그리고 가르침과 배움에 대한 깊이 있는 비평을 담고 싶었다.

날카로운 시선에는 책임이 따라야 한다. 그래서 내가 왜 이런 생각을 가지게 되었는지 교사로서 살아온 나의 이야기도 조금 담았다. 영화 속 장면과 등장인물의 삶 한 조각을 발췌하여 내가 살아왔던 그리고 겪었던 삶의 이야기와 교육의 이야기를 풀어보려고 한다.

나는 내 삶이 특별하다고 생각한다. 그러나 그 특별함이 그저 특별하다고만 여겼지, 그때 상황이 무엇 때문에 힘들고 어려워했는지 돌아보지 못했다. 특별하다는 생각에 갇혀 무엇이 어떻게 특별한지 제대로 들여다보려 하지 않았다.

나는 내 삶이 특별하지 않다고 생각한다. 특별함에 갇혀, 보지 못했던 과거를 영화 속 상황으로나마 되돌아보니 힘들고 고통스러웠던 그 시간 속에 보석처럼 찬란한 장면이 있었다는 것을 알았다.

내가 한 인간으로 성숙하는 데 영화는 큰 도움을 줬다. 특별한 혹은 특별하지 않은 내 삶은 교실에서 아이들을 가르치는 교사의 삶에 영향을 줬다. 내가 영화 속 주인공의 삶에서 영향을 받았듯, 아이들은 내게서 영향을 받았다. 아이들은 교실에서 수업하는 내 모습을 마치 영화 속 한 장면처럼 기억했다.

난 수없이 많은 영화 수업을 했지만, 영화만 전달한 것은 아니다. 영화를 소개하고, 아이들과 함께 영화 이야기를 나누는 것 자체가 영화 같았다. 아이들은 하나의 영화를 보면서 두 편의 영화를 경험한 것이다. 그중 한 영화에는 나의 삶이 투영되고, 나의 속살이 드러났을 것이다. 이제 그 속살이 무엇이었는지 풀어보고 싶다. 그것이 무엇이었는지 나도 궁금하다.

내게 영향을 준 영화를 통해 그 속에 있던 내 모습을 찾을 것이다. 그 속에서 내가 살아온 이야기를 찾을 것이다. 또 교사로 살면서 겪었던 내 이야기를 스크린에 비치는 장면을 빌어 꺼내 풀어볼 것이다. 나의 이야기를 내가 한 명의 관객의 입장에서 볼 것이다.

영화를 풀어가는 이야기를 하기 위해 필연적으로 나의 이야기를 해야 한다. 전시된 미술 작품과 상영된 영화는 관객의 해석이 우선이다. 상영된 영화를 보는 관객은 감독의 의도한 것이 아닌 자신의 관점에서 재해석한다. 해석은 맞고 틀리고가 없다. 어떻게 풀어내는지가 더 중요하다.

영화를 좋아하는 한 명의 관객으로서 영화에 대한 헌사를 하기 위함은 아니다. 영화를 좋아하는 한 명의 교사로 영화로 세상을 배우고, 삶의 방법을 익혔던 과정을 이야기해보려 한다. 철없던 한 명의 교사가 좌절을 겪고 우연한 기회에 영화를 보며 상처를 치유하고 교단에 서서 아이들 앞에 다시 서게 된 사연을 풀어보려 한다.

영화는 수없이 많은 타인의 삶을 보여준다. 삶은 인물과 사건이 엮여 나온다. 현실에서 겪던 교단의 이야기도 영화에 나오면 그 느낌이 새롭다. 영화는 타인의 삶을 훔쳐보는 것이다. 영화 속 교사의 삶을 보는 것은 현실을 기반으로 하면서도, 현실이 아닐 수도 있다.

초임 발령에서 퇴임할 때까지 교사는 다른 직업과 오랜 시간의 축적이라는 점에서는 비슷하지만, 다른 타임라인을 겪는다. 한 편의 영화로 그 모든 것을 다 그릴 수는 없지만, 여러 영화에 나타난 교사의 모습을 그려보면 각각의 모습은 다르지만, 교사만이 느낄 수 있는 무언가의 공통점을 찾을 수 있다. 그것은 아이를 성장시키려는 의도와 시선이었다.

영화 속에 나타난 교사의 모습에서 현실 속 교사의 모습과 나의 모습을 찾아본다. 영화가 나를 또 다른 차원의 시각으로 인도해 줬듯이, 차원의 창을 열었던 그 장면을 빗대어 삶과 교육에 관해 함께 생각해 보는 기회가 되기를 바란다.

차례

교사로서의 내 삶은
능력이었을까, 운이었을까

• 누군가 '착함(good)보다 운(lucky)이다'라고 말하는 사람은 인생을 달관한 사람이다. 두려울 만큼 인생은 대부분 운에 좌우된다. 그런 능력 밖의 일에 대한 생각에 골몰하면 무서울 지경이다. 시합에서 공이 네트를 건드리는 찰나, 공은 넘어갈 수도 그냥 떨어질 수도 있다. 운만 좋으면 공은 넘어가고 당신은 이긴다. 그렇지 않으면 패배한다.

테니스에서 공이 네트 위에 살짝 걸치는 순간이 생긴다. 어디로 넘어갈지 아무도 모른다. 물론, 상황이 끝나면 공의 방향과 네트의 저항 혹은 풍속까지 고려해서 분석을 하고 공이 떨어진 이유를 설명할 수는 있다. 하지만 어떤 일이 벌어졌을 때 이유를 알지 못하고 방황하는 경우가 더 많다.

상류 사회로 신분 상승을 꿈꾸던 크리스는 크로에와 결혼하지만, 우연히 만난 친구의 약혼녀 노라에게 강하게 끌린다. 우디 앨런 감독의 〈매치 포인트〉는 욕망과 사랑에 관한 영화지만, 나에게는 영화 제목처럼 승패가 결정되는 마지막에 공이 네트에 걸려 있던 그 순간의 강렬함이 더 기억난다.

내 인생을 관통하는 것.

그것이 능력이었을까? 아니면 운이었을까?

난 1998년에 초등임용고시에 합격하고 충남 당진에서 교사의 첫발을 내디뎠다. 경남의 진주교대를 졸업하고 왜 충남을 선택했냐고? 이유는 간단했다. 난 공부를 못해 대학 내신 성적이 엉망이었고, 당시 충남은 임용고시를 치르는 지역 중 경쟁률이 가장 낮은 곳이었다.

연고도 없고, 심지어 태어나서 한 번도 가본 적 없는 곳에서 교사 생활을 시작했지만 두려움은 없었다. 힘들어도 군대보단 덜 힘들 거로 생각했고, 더 힘들어도 그때그때 어찌어찌 될 거란 막연한 믿음이 있었다.

그 믿음이 허무하게 사라지는 건 그리 오래 걸리지 않았다. 정신을 차릴 수 없었다. 면의 작은 6학급 학교엔 분교가 하나 있었고, 본교는 그 와중에 연구학교를 운영했다. 그리고 학교엔 초임 교사가 무려 3명이었는데, 나머지도 대부분 저경력 교사로 채워졌다. 그나마 우리 학교는 형편이 좋았다. 인근 학교엔 6학급에 초임 교사가 5명이나 배치되었고, 그중 나이 많은 교사가 교무를 했다.

학교는 정신없이 돌아갔고, 교사로서 무엇을 어떻게 해야 할지 모르는 상황에서 매일 엄청나게 많은 일이 쏟아졌다. 도연구과제 발표를 6월에 앞두고 있었기에 수업은 뒷전이었고 학교는 매일 일거리가 넘쳤다.

"집에 가도 할 거 없지?"

이렇게 묻는 교감 선생님께 난 할 말이 없었다. 교감과 연구부장을 도와 매일 밤늦게 야근을 했다.

혼이 나간 상태로 정신없이 준비한 연구학교 발표가 끝나고 학교는 제자리로 돌아오나 싶었지만, 상황은 반대였다. 그간 미뤄놓은 각종 행사와 사업은 교실에서 아이들과 차분히 수업하려는 희망의 발목을 잡았다. 내가 수업을 하는 교사인지, 행사 준비를 하는 이벤트 회사 직원인지 헷갈렸다.

교대에서 수업으로 배운 현장과 실제 겪은 현장은 판이했다. 난 동료와 선배 교사들에게 수업과 교실 그리고 아이를 대하는 법을 제대로 배우지 못한 채 일 년을 보냈다. 그들의 잘못은 아니었다. 그들도 나 못지않게 정신없는 시간을 보냈으니 말이다.

이렇게 살면 죽을 것 같았다. 시간은 흘러 찬 바람이 불고 일 년이 지날 무렵 고향으로 가야겠다는 생각밖에 없었다. 도간 교류의 내신을 쓰려고 하니 요건이 안 됐다. 알고 보니 난 내신 자격이 안 된다는 것이다. 만으로 일 년 근무를 다 해야 내신 자격이 되는데, 3월 12일 발령받아 12일 모자랐다. 억울하기보단 허탈했다. 허탈해서 화나기

보단 그냥 아무 생각이 없었다.

나와 외부 세계를 연결해주는 유일한 것은 PC통신 천리안이었다. 그곳에서 우연히 '전자정부'를 발견했다. 난 이것이 뭔지 몰랐다. 들어가 보니 각종 정부 부서가 있었고, 그중 교육부를 발견했다.

'무엇이든 물어보세요'

거기엔 질문과 답변을 하는 코너가 있었다. 마침 전날 읽은 교육뉴스가 있었다. '타시도 간 교원 교류의 폭을 늘리겠다.' 기사의 내용인즉슨 일대일 전출입이 원칙인 타시도 간 교류를 장기 별거 교원의 교류 확대 차원에서 늘이겠다는 것이었다. 난 발령받은 해에 결혼했고, 아내는 경남에서 교사를 하고 있었기에 이 기사는 가뭄 속 단비와 같았다.

안녕하세요. 충남 당진군 ○○초등학교에서 근무하는 차승민입니다.

난 이렇게 시작하는 편지를 썼다. 기사의 내용을 보고 내 사연을 적고 기회가 확대되면 나도 해당이 되는지 물었다.

귀하의 민원이 접수되었습니다.

저장을 누르고 나니 이상한 문구가 나왔다. 일반적인 '묻고 답하기' 코너라 생각했는데, '전자정부라 쓰는 용어가 다르구나' 하고 여겼다. 전자정부를 천리안에서 대신 운영하는 줄 알았다.

겨울방학이 되어 2주간 과학캠프와 육상부 동계훈련을 진행하고 집으로 왔다.

귀하의 민원이 충남교육청으로 이첩되었습니다.

귀하의 민원이 당진교육청으로 이첩되었습니다.

고향집에 돌아와 PC통신에 접속해 보니 '이첩'이란 이상한 용어가 떴다. '이첩이 뭐지?' 기관에서 기관으로 전달한다는 뜻이 이첩인데, 교사하던 친구들에게 물어도 이첩이 뭔지 속 시원하게 대답해 주는 이가 없었다.

"야, 차 선생. 너 뭔 짓을 한 겨? 내신 쓰게 당장 올라와."

집에 온 지 3일도 지나지 않아 교감 선생님의 다급한 전화를 받았다. 알고 보니 내가 전자정부의 묻고 답하기에 쓴 것이 정식 민원이 되었던 것이다.

작은 학교에서 내가 큰 평지풍파를 만들었다. 하긴 학교에선 아무도 알지 못하는데 상급 기관에서 민원접수가 되어 내려왔으니 얼마나 당황했겠는가? 지금보다 더 위계가 단단한 시절이었으니 철부지 신규 교사가 사고를 쳐도 대형 사고를 친 격이었다.

하지만 의외로 큰일이 벌어지지 않았다. 조용히 내신 쓰게 해주고 한 달에 한 번씩 도교육청 인사담당 장학사가 전화해서 내신 순위를 알려줬다.

알고 보니 그해에 경남에서 충남으로 오려는 교사는 없었고, 워낙 내신을 내는 교사가 많아 기준을 엄격하게 했는데, 그것이 인사지침의 원칙에는 어긋났던 것이다.

이유가 어찌 되었든 난 내신을 쓰게 되었다. 천운이 있었는지 난 내신 순위가 3위였고, 다음 해 9월 고향인 경남으로 갈 수 있었다.

1999년 가을, 경남 창원에서 두 번째 학교를 겪었다. 40학급에 가까울 만큼 학교는 초임 학교와 비교할 수 없을 만큼 컸고, 난 학교의 막내였다. 우연하게도 세 명의 대학 동기가 근무하고 있었다. 그중 한 명은 임용고사 수석이었다. 상위 10%는 원하는 지역을 선택할 수 있었고 창원은 무척 선호하는 지역이었으며, 그중에 수석 임용된 동기가 들어온 학교에 뒤에서 순서를 다투던 내가 전입했으니 얼마나 아이러니한 상황이었을까?

"넌 어떻게 이 학교에 왔어?"

물어보던 동기의 신기한 표정을 지금도 잊을 수 없다.

특히, 교육부 시범학교를 하던 곳이라 당시 내로라하던 쟁쟁한 선배 교사들이 빼곡해서 학교는 늘 활기에 차 있었다.

하지만 당시 IMF의 참상은 학구를 뒤흔들고 있었다. 어려움이 많은 가정이 속출했고, 오래된 빌라와 아파트가 많은 지역이라 전학 오는 아이가 많았다. 늘어나는 아이들 때문에 여러 문제가 있었지만, 예상치 못한 복병은 딴 곳에 있었다. 무상급식이 아니었던 그때 학교에 급식비 미납 금액이 일 년에 천만 원 이상 치솟았다.

눈칫밥을 먹지 않게 아이들에게 압박은 하지 않았지만, 알게 모르게 영향을 줬을 것이다. 아이들은 거칠었고, 다툼은 일상이었다. 하지만 초임 교사 티를 겨우 벗어나고 있던 나에겐 그렇게 큰 문제는 아니었다. 그저 아이들과 수업하고 놀기에 바빴다.

체육 자주하고, 아이들과 레슬링한다고 뒹굴었다. 무용한다는 핑계로 운동장에 아이돌 가수의 노래를 틀어놓고 리듬체조로 한 달을 보내기도 했다.

그땐 몰랐다. 내가 잘 가르쳐서 아이들이 잘 따른 것이 아니라, 학교에서 가장 젊은 남교사였고 그저 다른 교사들보다 아이들이 나를 더 편하게 여겼을 뿐이라는 것을.

'가르치는 것, 선생 하는 것 별거 아니구만.'

난 잘 가르치는 선생인 줄 알고 기고만장해 가고 있었다. 2001년 11월, 결코 잊을 수 없는 그날의 일이 있기 전까진 말이다.

매치 포인트(Match Point, 2005)
감독 : 우디 앨런
출연 : 조나단 리스 마이어스(크리스 윌튼 역), 스칼렛 요한슨(노라 라이스 역), 애밀리 모티머(크로 휴잇 윌튼 역) 외

유리처럼 깨진 자존심

고니는 누나의 전 재산을 사기도박 당한다. 자기를 속인 도박사들을 찾아다니다 결국 도박판을 전전하는 폐인이 된다. 돈을 찾고 복수하기 위해선 스스로 그들과 같은 '타짜'가 되어야 한다고 생각한 고니는 당대 최고의 타짜인 평경장을 찾아가 제자로 받아달라고 조른다. 평경장은 고니의 실력보다는 얼마나 간절한지를 테스트한다. 고니에게 평경장은 제안 한 가지를 한다. 세탁소 주인과 싸워 이기면 제자로 받아준다는 거였다.

평경장: 저치(세탁소 주인)에게 죽도록 맞아보겠어?

고니: 네, 그럼요. 근데 왜 맞아야 하나요?

평경장: 넌 이유가 있어서 돈 잃고 매 맞았어?

싸움엔 이골이 난 고니였지만, 사실 세탁소 주인은 숨은 싸움의 실력자였다. 세탁소 주인에게 맞다 보면 제풀에 꺾여 포기할 것이고, 이긴다면 실력을 인정하겠다는 의도였다. 평경장은 고니가 세탁소 주인을 이길 거라고 생각하지 않았다. 평경장의 예상과 달리 매일 맞던 고니는 포기하지 않고 기지를 발휘해 보란 듯이 세탁소 주인을 꺾어버린다.

허영만의 만화를 영화로 만든 2006년 작 〈타짜〉는 나의 교사 생활 중 가장 힘겨웠던 때 작지만 큰 울림을 줬다.

'젊은 교사'라는 치트키 때문에 초반에 어렵지 않게 교사 생활을 한 경험은 내면의 열등감을 감추는 데 도움이 되었다.

내 열등감의 근원은 공부를 못한다는 것이었다. 집안에선 대학에 갔으니 공부 못한다고 여기진 않았고, 친구들도 내가 공부 때문에 열등감이 있다는 걸 알지 못했다. 여기서 공부는 성적이다. 아무리 노력해도 올라가지 않는 성적 때문에 혼자 열등감을 가지고 있었다. 그런데 교사가 되고 나서는 아무도 내 성적을 궁금해하지 않았고, 공부 대신 몰입했던 컴퓨터 다루는 기술은 오히려 나를 훌륭한 교사로 인정받게 해주는 도구가 되었다. 이건 공부 못하고 실력 없다는 열등감을 벗어날 수 있게 해주었다.

그렇게 학창 시절 내내 나를 짓눌렀던 열등감이 사라지자, 이제는 자신감이 넘쳤다. 문제는 이 자신감이 끝도 없이 올라가 자만심으로 차올랐다. 거기에 불을 지핀 것이 있었다.

당시 정보화교육이 큰 이슈였다. 지금이야 컴퓨터와 인터넷을 활용한 교육이 특별하지 않지만, 당시엔 새 시대를 알리는 밀레니엄 교육 그 자체였다. ICT(Information & Communications Technology)라 불리던 정보통신교육은 교실에서 컴퓨터와 인터넷으로 수업을 할 수 있는지 없는지로 판가름 났다. 정보화 수업을 하기 위한 철학적 배경 따윈 내게 중요하지 않았다.

당시 컴퓨터를 다루고 능수능란하게 사용하며 거기다가 다양한 프로그램까지 섭렵한 교사는 극히 일부였다. 난 대학 다니던 시절부터 컴퓨터에 관심이 많아 이것저것 사용해 봤고, 거기에다 신규 때 연구학교 발표를 위해 PPT나 포토샵, 동영상 음악편집 프로그램 등을 강제로 배웠는데, 그것이 큰 힘을 발휘했다. 컴퓨터 연구회에 들어가서도 두각을 드러냈고, 당시 난다 긴다는 선배들 사이에서도 촉망받는 후배가 되었다.

매일 컴퓨터를 만지고 프로그램을 다루면서 시간 가는 줄 모르고 놀았다. 사실 내가 가장 재미있어하는 분야는 컴퓨터 하드웨어 시스템이었다. 컴퓨터가 작동하는 원리와 그걸 직접 조립해 보고 운영체제와 프로그램을 설치하면서 문제가 생기면 해결하는 과정 자체가 흥미로웠다.

대학 다닐 때부터 관련 책과 잡지를 탐독하며 익힌 컴퓨터 지식과 당시 교육에 불어닥친 ICT 교육 열풍 덕에 난 컴퓨터를 좀 한다는 교사들 중에서도 이름이 오르내렸다.

거기에 창의적체험활동에 사용할 정보화 교과서 집필에도 참여해 많은 반대를 무릅쓰고 당시 가장 핫 했던 메신저 프로그램을 선정해서 교과서에 수록했다.

에듀넷 메신저를 이용해 가입과 사용 방법을 수록했는데 날벼락이 떨어졌다. 교과서가 나올 무렵 에듀넷 메신저가 서비스를 종료한다는 것이었다. 우여곡절 끝에 당시 한국통신하이텔에서 만든 한미르 메신저로 변경하였고, 교과서는 무사히 나왔다. 당시는 교과서에 메신저라는 기능을 넣어 설명한다는 것 자체가 획기적이었다. 에듀넷과 달리 기업제품이었던 한미르를 사용하기 위해 사전에 동의를 구했고, 교과서에 실리자 한국통신하이텔 측에서도 매우 기뻐했다. 교과서가 나오고 나서는 집필팀 전원을 본사로 초청해 융숭하게 대접해 주었다.

딱 여기까지였다.

2001년 6학년 담임을 맡았다. 전해에 이어 연속으로 6학년을 맡은 것이라 따로 교재연구를 더 할 필요가 없었다. 아니 교재연구는 별로 하지 않았다. 수업을 대충 한 것은 아니지만, 컴퓨터로 뭔가 하는 것처럼 보이면 누구도 수업에 관해선 별 참견하지 않았다. 대신 시험공부를 열심히 가르쳤다. 교과서를 분석하고 문제지를 풀고 오답노트를 만들게 했다.

난 무엇보다 이걸 중요하게 생각하고 열심히 가르쳤다. 공부를 못하는 것, 더 정확하게 말하면 시험을 못 쳐서 성적이 안 나오면 어떤 비참함을 겪는지 누구보다 잘 알기에 난 아이들에게 열심히 그리고 모질게 공부를 시켰다.

다행히도 아이들은 나름으로 열심히 했다. 젊고 열정이 넘치는 담임선생님을 좋아해 주었다. 난 그렇게 하는 것이 아이들을 위하는 최선이라 생각했고 규칙을 어기거나 친구를 괴롭히는 아이를 보면 사정없이 몰아붙였다. 덩치와 힘 그리고 가르치는 자의 권위까지 덧씌워진 내게 잘 가르친다는 신념까지 더해졌다. 잘못한 아이를 혼내고 바른길로 인도하는 것은 교사라면 당연히 해야 할 일이라 생각했고 그걸 충실히 수행하는 나 자신에게 감탄했다.

인철(가명)*이는 눈매가 사나웠다. 3월에 담임배정을 받고 처음 만난 날부터 인철이의 눈매는 불순해 보였다. 아니나 다를까 5학년 담임을 했던 선생님은 인철이 6학년 담임이 나란 걸 알고 따로 찾아와 눈여겨보면서 조심해야 할 아이라고 일러줬다.

'제까짓 게 뭘 어떻게 하겠어?'

겪어보니 인철이는 생각보다 문제아스럽진 않았다. 그래도 다른 아이들보다 좀 더 과격했고, 자존심이 셌다. 다만, 무엇보다 흘기듯 보는 눈빛과 불손하게 대답하는 태도는 영 마음에 들지 않았다. 일주일에 한두 번, 인철이는 꼭 혼이 났다.

영수는 부모가 다 집을 나가고 할머니와 둘이서 지냈다. 체구도 작고 아이들에게 무시당하는 경우도 많아 알게 모르게 늘 영수의 뒤를 봐주고 있었다.

인철이는 영수를 괴롭히는 듯하면서도 나름 잘 노는 듯 보였다. 의

---

* 이 책에 등장하는 아이들의 이름은 모두 가명임.

아했지만 힘이 센 인철이와 어울리는 영수의 생존전략이겠거니 생각하며 지켜보고만 있었다.

그러다가 사고가 났다. 아이들은 복도에서 탱탱볼이라 부르는 작은 공으로 야구를 하고 있었다. 반발력이 커서 이리저리 튀는 탱탱볼이 사고의 원인이 될지는 꿈에도 몰랐고 사고가 어떤 파장을 몰고 올지는 아무도 몰랐다.

"아악~~~~"

복도에 비명이 울렸다. 뛰어나가 보니 영수가 눈을 감싸 쥐며 웅크리고 있었고 아이들은 멍하니 서 있었다. 거기엔 인철이도 있었다. 상황을 보니 인철이가 던진 탱탱볼에 영수의 눈에 맞은 듯했다.

"왜 그랬어?"

난 화가 났다. 다른 아이도 아닌 영수가 다쳤다. 잘 부탁드린다는 할머니의 인사가 머릿속을 스쳐 지나갔고, 난 영수를 지켜주지 못했다는 당혹감이 컸다. 불쌍한 아이가 다쳤다고 생각했다. 힘이 센 인철이가 보호해 주지 않고 괴롭혔다고 생각하니 더 화가 났다.

인철이는 아무 말도 하지 않고 나를 쳐다봤다. 평소 같은 기분 나쁜 눈빛은 아니었다. 그런데 오히려 그것이 내 화를 더 정당화시켰다. 난 인철이가 그런 것으로 확신했다. 이윽고 영수는 병원으로 갔고, 각막이 찢어져 수술을 받아야 한다고 연락이 왔다.

그날 인철이의 어머니에게 전화를 했다. 자초지종을 전하고 단호히 말했다.

"인철이 때문입니다. 치료비 전액은 부담하셔야 할 겁니다."

평소에도 인철이가 말썽을 많이 부려서인지, 사안이 커서인지, 아니면 담임선생의 목소리가 워낙 단호해서인지 모르겠지만, 인철이 어머니는 사과하고 일을 잘 마무리하겠다고 했다.

그렇게 끝나는 듯 보였다.

며칠 지나 모르는 번호로 전화가 왔다.

"인철이 담임이십니까? 인철이 아버지입니다."

뭔가 느낌이 싸하게 전해왔다. 아버지의 목소리에 화가 깔렸다.

"내가 물어보니 인철이가 안 했다고 하던데, 왜 인철이에게 잘못을 뒤집어씌웁니까?"

갑자기 혼란스러워졌다.

"무슨 말씀이십니까? 제가 그날 학교에서 봤습니다."

"그래요? 선생님 다시 한번 알아보이소. 만약, 사실이 아니면 선생님 각오하셔야 할 낍니다."

뭔가 이상한 마음이 들었다. 뜬눈으로 밤을 새우고 다음날 학교로 가서 그날 그 자리에 있었던 모든 아이를 불러 하나씩 물어봤다.

"쌤, 인철이가 그런 게 아니고 제가 했어요."

느닷없이 성수가 자신이 한 일이라고 말한다. 머리가 띵하고 정신이 혼미해졌다.

사고의 전말은 이랬다. 인철이가 투수를, 영수가 포수를 했는데 성수가 한 번만 해보자고 해서 던진 공에 사고가 난 것이다.

"왜 그때 네가 했다고 말 안 했어?"

"선생님이 너무 화가 나 있어서 말할 수 없었어요. 그때 너무 무서

웠어요."

인철이를 쳐다봤다. 인철이도 화가 난 내가 너무 무서워서 사실대로 말하지 못했다고 했다.

수업을 마치고 인철이 아버지에게 전화를 했다. 손이 떨리고 있었다.

"뭐라 드릴 말씀이 없습니다. 제가 지금 찾아뵙고 사죄드리겠습니다."

인철이 아버지와 약속을 잡았다.

학교 근처의 어느 식당이었다. 인철이 아버지와 그의 친구 한 사람이 더 나왔다. 난 무릎을 꿇고 인철이를 범인으로 지목한 것에 대해 사죄드렸다.

"쌤, 고마 이리 앉으이소. 내 진짜 화 많이 났십니다. 근데 인철이한테 물어봤어에. 느그 선생님 어떤 사람이냐고. 인철이가 그랍디다. 우리 선생님 6학년 최고의 선생님이라 카데요. 내가 학교 가서 느그 선생님 선생질 못 하구로 짤라뿌끼다 캐떠만, 인철이가 그럽디다. 아부지 제발 참으이소. 우리 선생님 좋은 선생님입니더. 내 그래서 참습니다."

인철이 아버지의 말은 내 머리를 번쩍 쳤다.

사죄로 이어진 용서의식은 술에 술을 더했다.

후회와 미안한 마음이 들었다.

그리고 무엇보다 그간 내가 가졌던 한 줌 자만심이 모래성처럼 꺼졌고, 자존심은 유리처럼 깨졌다.

인철이 아버지는 더 이상 문제 삼지 않기로 했다. 영수의 진료비도 그 집의 딱한 사정을 생각해 도움의 차원에서 돌려받지 않겠다고 했다. 그날 인철이 아버지를 집으로 보내고 어느 골목으로 들어가 주저앉아 서럽게, 서럽게 울었다.

타짜(Tazza : The High Rollers 2006)

감독 : 최동훈

출연 : 조승우(고니 역), 김윤석(아귀 역), 김혜수(정마담 역), 유해진(고광렬 역), 백윤식(평경장 역), 김응수(곽철용 역) 외

그 누구도 아닌 자기 걸음을 걸어라.

자신이 독특하다는 것을 믿어라.

누구나 몰려가는 줄에 설 필요는 없다.

자신만의 걸음으로 자기 길을 가거라.

바보 같은 사람들이 무어라 비웃든 간에.

영화 〈죽은 시인의 사회〉 중에서

키팅 선생님이
불편하다

 죽은 시인의 사회

　교육과 관련 있는 영화 중 가장 인상 깊고 가장 영향을 준 영화가 무엇이냐고 물으면, 많은 사람이 로빈 윌리엄스의 최고 영화 중 하나로 꼽히는 〈죽은 시인의 사회〉를 떠올린다.

　명문 고등학교 월튼 아카데미엔 공부가 전부인 아이들이 모였다. 모두 명문대 진학을 목표로 하는 이곳에서 영문학을 가르치는 키팅 선생님과 우등생이지만 각기 마음속에 자신을 드러내고 싶은 욕망이 넘치는 아이들과의 이야기를 다룬다. 키팅 선생님은 월튼 아카데미를 졸업했다. 그 후 교사 자격을 얻은 후 월튼에 부임한다, 키팅은 성적과 입시에만 매몰된 다른 교사와 달리 아이들에게 내면에 있는 자신의 의지를 꺼낼 수 있게 하는 수업을 한다. 시에 대한 해석과 평가를 담은 구절을 마음에 들지 않는다고 찢어버리는 장면, 자기를 캡틴으로 부르라 하는 장면 등 지금 봐도 명장면이 많다.

너희들은 각자의 걸음걸이와 보폭이 있다. 남들 앞에서 자신의 신념을 지키는 것은 어려운 법이다. 우리에겐 인정의 욕구가 있다. 너희 스스로 믿어야 한다. 타인이 너희를 이상하게 생각할지라도. 너희 스스로 걸어라. 보폭과 속도 방향 모두 너희 마음대로 정해라.

키팅 선생님은 아이들에게 걸음걸이를 빗대어 각자의 발걸음에 맞는 삶을 살도록 일깨운다. 특히, 우등생인 형의 그늘에 가려, 늘 소심했던 토드에게 내면의 욕망과 불안 그리고 의지를 불러일으키는 시를 읊조리게 한 장면도 일품이다.

카르페 디엠(carpe diem). '오늘 최선을 다하자', '오늘을 즐기자'의 뜻으로 키팅이 아이들에게 늘 강조하던 말이다. 윌튼 아카데미에서 가장 중요한 것은 입시다. 아이들에게 좋은 대학에 진학하는 것은 성공한 삶의 기준이다. 그런데 그 기준을 누가 만들었는지 아무도 의심하지 않는다. 키팅은 '카르페 디엠'의 정신을 아이들에게 고취시킨다. 어른들이 정한 삶의 기준에 따르지 말고 자기 내면의 생명력을 살리라는 의도가 담긴 말이다.

키팅의 영향을 제일 많이 받은 것은 닐 페리다. 아버지의 기대를 한 몸에 받는 우등생이면서 의대에 들어가길 강요받던 페리는 이런 자신의 처지가 싫었다. 그러던 중 키팅과의 만남은 페리에게 큰 자극이 되었다. 키팅은 내면의 생명력을 살려 자신의 의지대로 삶을 살아갈 힘을 얻으라는 취지로 '카르페 디엠'의 정신을 전했지만, 페리는 그것을 아버지에게 속박된 채, 정해진 삶을 살지 말고 스스로 하고 싶은 것을 개척하라는 의미로 받아들였다. 페리는 연극을 하고 싶었고, 아버지는 반대했다. 페리는 공부를 포기하겠다는 것이 아니라 연극도 병행할 수 있다고 생각했지만, 아버지는 공부가 아닌 그 어떤 활동도 허락하지 않았다. 카르페 디엠의 정신에 충실했던 페리는 그토록 하고 싶었던 연극 주연배우를 맡게 되었다. 하지만 이것은 비극의 씨앗이 된다. 페리가 연극을 포기하지 않고 무대에 올랐다는 것을 도전이라 여긴 아버지는 모든 지원을 끊어버린다는 초강수를 둬서 페리의 뜻을 꺾으려 한다. 아버지에게 인정받지 못한 페리는 큰 좌절에 빠지고 결국 자살하고 만다.

〈죽은 시인의 사회〉는 당시 미국 사립학교에서 벌어지고 있던 권위주의적인 교육의 폐해를 바탕에 다루었고, 입시에 찌든 한국의 교육 현실에도 흔히 벌어지던 강압적 교육 분위기 탓에 많은 사람이 교육에 관심을 기울이는 계기가 되었다. 교육을 생각하는 많은 이사람 인생 영화로 〈죽은 시인의 사회〉를 꼽고 이상적인 교사상으로 키팅 선생님을 꼽는 것은 이런 이유에서다.

"차쌤은 〈죽은 시인의 사회〉를 어떻게 보셨어요?"

수없이 많은 영화를 보면서도, 그 속에 담긴 학교와 교실, 교사와 아이와 심지어는 부모에 대한 장면을 분석하면서도 유독 〈죽은 시인

의 사회〉만큼은 평을 하지 않았다.

나는 이 영화를 개봉한 지 10년도 지나서 봤다. 좋은 영화란 사실에 이견은 없다. 분명 키팅은 좋은 교사지만, 모든 교사가 키팅처럼 할 수는 없다. 특히, 교사라면 키팅처럼 해야 한다고 생각하는 외부의 시선이 불편했다. 앞의 질문도 교사는 키팅 같은 열정을 가져야 한다는 답이 이미 바탕에 깔려 있다. 열정은 교사와 아이의 상호 작용에서 자연스럽게 나오는 것이지, 기준을 정하고 강요한다고 되는 것이 아니다. 그래서 좋은 교사의 기준이 키팅이 되는 것이 불편했다.

"차쌤을 보면 키팅 선생님을 보는 듯해요."

20년 전부터 영화 수업을 하던 나는 주변 동료 교사들로부터 이런 말을 가끔 듣곤 했다. 그럴 때마다 왜 그런지 물어본다.

"형식에 얽매이지 않고 자유롭게 수업하잖아요. 전 그렇게 못해서 늘 불만이었는데, 선생님이 수업하는 걸 보면 자료나 대본도 없이 어떻게 아이들의 말과 행동을 가지고 그 의미를 파악하시는지 궁금했어요. 영화를 많이 봐서 그런가요?"

난 천성적으로 짜맞춘 수업을 하는 것이 어색하다. 그러니 당시 수업깨나 한다는 교사가 도전했던 수업연구대회엔 나갈 엄두도 나지 않았다. 대신 영화는 아이들도 좋아하고 나도 좋아했다. 글에 비해 영상은 아이들의 몰입도가 높은 대신 완성도는 떨어졌다. 영화의 수준이 떨어진다는 의미가 아니라 2시간 남짓한 상영시간의 제한 때문에 글에 비해 중간중간 비거나 축소와 비약된 부분도 있다. 원작을 각색한 영화도 그 내용 전체를 담을 수 없다는 현실적 제한 때문에 원작과 그것을 바탕으로 한 영화는 서로 다른 예술 장르라고 봐야 한다.

대신 영상 텍스트의 특성을 이용해 각자 본대로 해석하고, 그것을 풀어냈다. 원작이나 영상을 기준 삼아 창작자의 의도를 찾아내는 걸 기본으로 하면서도 아이들의 삶이 투영되는 장면에서는 오히려 그것에 더 집중해서 수업을 진행했다. 마치 키팅 선생님이 하듯 난 아이들의 마음속 불안과 욕망을 자극해서 영화 속 이야기를 자신과 우리의 이야기로 풀어냈을 뿐이다. 다른 사람들의 눈에는 그 형식이 자유롭게 보였을 것이다.

나의 영화 수업이 키팅 선생님의 수업처럼 아이들의 욕망을 끌어내는 수업처럼 보였다 해도 난 키팅 선생님이 아니다. 난 키팅 선생님의 수업 방식을 존중한다. 하지만 방식이 거칠었다. 그리고 가르치는 것에 대해 좀 더 책무감을 가져야 했다.

아이들의 내적 욕망을 자극하고 불안을 잠재우는 수업 방식은 누구나 할 수 있는 것은 아니다. 그런 면에서 키팅 선생님의 능력은 지금의 교육 현장에도 큰 자극이 된다. 하지만 아이들에게 자유를 꿈꾸게 하려면, 그만큼의 책임도 따른다는 것을 강조해야 했다.

아이들은 기름과 같다. 기름은 불꽃만 닿아도 불타오르는 휘발유부터 높은 온도로 열을 가해야 비로소 불이 붙는 중유까지 다양하다. 그런데 공통점은 휘발유든 중유든 불이 붙지 않을 땐 그냥 액체다. 아무 반응도 없고 열도 내지 않는다.

불이 붙고 나서가 더 중요하다. 불은 인류 문명을 창조하는 데 큰 역할을 할 정도로 대단한 것이지만, 잘못 조절하면 주위를 불태우고 잿더미로 만들 만큼 파괴력이 크다.

용광로의 불과 산불은 불이라는 점은 같지만, 나머지는 다르다. 용광로의 불은 엄청난 고온의 열이 발생하지만 조절할 수 있는 반면, 산불은 초기에 진압하지 않으면 상상을 초월할 정도로 빠르게 확산된다. 불은 용광로 안에서는 생산의 도구지만, 산불은 파괴 그 자체다. 조절할 수 있느냐 없느냐의 차이는 극과 극을 이룬다. 또 용광로의 불과 난로의 불도 다르다. 조절할 수 있어도 그릇의 차이에 따라 조절의 정도가 달라진다. 조절의 정도가 역량이고 능력이다. 효과가 크다고 처음부터 큰 역량과 능력을 요구하는 것도 무리다. 거대한 용광로의 불을 조절하려면 작은 난로부터 불 조절하는 단계를 거쳐야 한다. 생산과 파괴의 두 가지 속성을 다 가진 불은 어떻게 조절하느냐에 따라 결과가 달라진다. 조절은 완급이 핵심이다. 완급을 위해선 주도권은 절대적으로 필요하다.

교사는 아이들에게 불을 지펴야 할 때가 있고, 불을 줄이거나 심지어는 꺼야 할 때도 있다. 아이가 불을 사용하는 경험과 조절하는 능력을 갖춘 후에 주도권을 넘겨줘야 한다. 그전까지는 교사가 주도권을 가져야 한다.

월튼 아카데미는 입시를 위한 학교였다. 키팅 선생님은 그걸 몰랐을까? 그 학교를 졸업한 키팅 선생님이 모를 리 없다. 그렇다면 좀 더 세심해야 했다. 적어도 자신의 교육관을 펼치려면 주변 동료 교사들의 협조를 얻어야 했다. 영화에 나오는 다른 교사들은 모두 입시에 치우친 교육을 하는 것으로 묘사되지만, 실제 학교 현실을 보면 키팅 선생님의 교육 방식도 존중하는 동료는 존재한다. 그들과 연대해서 조금씩 뜻을 펼쳤다면 어땠을까? 난 닐 페리가 극단적인 선택을 하는 장면에서 키팅 선생님의 교육적 의도는 인정하면서도 가치를 높이 평가하기가 어려웠다.

더 큰 문제는 따로 있다. 앞서 말했듯 키팅 선생을 바라보는 관객 또는 사회의 시선. 내게는 이것이 더 깊고 무겁게 다가왔다.

키팅 선생님은 교사가 가져야 할 큰 자질을 가지고 있다. 그것은 아이를 대하는 그의 태도를 통해 나타난다. 아이를 이해하고, 끼를 발견하며, 그것이 밖으로 표출되도록 끄집어내는 능력은 대단하다. 그러나 모든 교사를 키팅 선생님으로 여기거나 키팅 선생님처럼 하길 바라면 안 된다.

한 개인을 봐도 자신의 감정 안엔 냉정과 열정이 조화를 이뤄야 하듯, 학교의 교육과정을 이끄는 교사도 좀 더 냉정을 유지하는 교사와 좀 더 열정을 끌어올리는 교사가 조화를 이뤄야 한다. 냉정을 차분함으로, 열정을 활발함으로 유지할 수 있는 것은 서로 영향을 받으면서도 견제하면서 균형을 이루기 때문이다. 냉정이 지나쳐 메마르게 되거나 열정이 지나쳐 타버리지 않도록 하는 균형을 이뤄야 한다.

1990년 당시 〈죽은 시인의 사회〉에 열광했던 이유는 입시라는 한 가지 길로 아이들을 내몰면서도 아이들에게 다른 대안을 주지 않았던 영화 속 현실과 대한민국의 현실이 비슷했기 때문이다. 모든 교육의 이슈가 입시로 매몰되지만, 그것을 당연하게 여기고 삶의 목표로 삼아야 함을 학교와 사회와 가정은 아이들에게 당연하게 요구했다. 때문에 열정이 넘쳐야 할 학교엔 냉정의 기운이 팽배했다. 그래서 그 얼음장 같은 학교에서 아이들의 마음을 녹이고 불을 지필 키팅 선생님이 필요했을 것이다.

과연, 지금의 학교 현장에 키팅 선생님이 필요한가? 아니다. 이미 많은 키팅 선생님이 존재한다. 적어도 그 당시보다 지금이 더 많다. 예전에는 불꽃이 튈만큼 열정적이지만 그런 교사가 소수였다면, 지금은 대부분의 교사가 차분한 친절함을 갖추고 있다.

교무실이 그 증거다. 과거 권위주의적인 학교에서 교무실의 이미지와 지금은 완전히 다르다. 아이들은 아무 거리낌 없이 교무실 문을 열고 들어오며 눈치 보지 않는다. 적어도 아이들에게 학교는 불편한 곳이 아니며, 교사가 권위적이라 여기지 않는다.

지금의 학교 현장은 키팅 선생님에 열광했던 1990년대가 아니다. 그때보다 교사와 학생의 관계는 변했고 학교 현장은 될 수 있으면 개별적인 아이들의 성향에 맞게 변하려고 노력했고 또 변했다. 현실은 바뀌었는데 키팅 선생님을 기대하고 꿈꾸는 것은 학교가 구시대에서 바뀌지 않았다고 생각하는 사람들일 것이다.

지금의 학교는 전혀 변하지 않았고, 교사들은 아이들의 꿈과 희망 따윈 상관없이 성적과 입시에 목을 맨 집단이라 매도하길 원하는 사람들이 자신들의 욕망을 실현해 줄 영웅을 찾는 것인지도 모른다.

학교 현장은 변했지만, 여전히 입시는 모든 교육 이슈를 집어삼키는 거대한 블랙홀이다. 그래서 교육 현장이 과거와 달라진 것 없이 참담하다고 여기지만, 입시제도를 바꿔내지 못한 것이 교사의 탓인지 묻고 싶다. 당시 〈죽은 시인의 사회〉를 보며 열광했던 청년들과 세대는 지금 우리 사회에 큰 영향력을 행사하는 기성세대가 되었다. 바꾸지 못한 것을 학교와 교사의 책임으로 돌리고 '왜 키팅 선생이 지금 없냐'고 한탄하는 것으로 책임을 피하려는 것은 아닌지 묻고 싶다.

영화에서 진짜 빌런은 자신의 욕망을 위해 아들을 도구처럼 여긴 닐 페리의 아버지다. 페리의 아버지는 상징이다. 아이를 위해서, 교육을 위해서, 더 좋은 사회를 위해서라고 말하지만, 자신의 욕망을 숨기고 선의를 말하는 이는 모두 페리의 아버지다. 그들은 욕망을 숨긴다. 그리고 '아이를 위해서'라고 말한다. 교육을 위해서란 미명하에 자신의 욕망을 채우려고 교육을 흔들려는 자들이 아직도 학교를 불신하면서 겉으로는 키팅 선생님을 찾는다면 그들이 교육을 망치는 진짜 빌런이다.

죽은 시인의 사회(Dead Poets Society, 1990)
감독 : 피터 위어
출연 : 로빈 윌리엄스(존 키팅 역), 로버트 숀 레오나드(닐 페리 역), 에단 호크(토드 앤더슨 역), 조쉬 찰스(녹스 오버스트리트 역) 외

교사의 첫 시작,
나락으로 떨어지다

                    프리덤 라이터스

마커스 : 선생님은 아무것도 몰라요.

에린 : 그래 난 몰라. 그러니까 니가 설명해 봐!

마커스 : 난 설명할 것이 없어요. 우리가 어떻게 사는지 아세요? 선생님보다 먼저 우린 여기에 있었다고요.

미국 캘리포니아의 윌슨 고교에 부임한 문학 교사 에린 그루웰의 실제 이야기를 다룬 영화 〈프리덤 라이터스〉는 불우한 환경과 인종차별 그리고 내일이 없는 삶을 살아가는 아이들과 만나 선한 영향을 주며 현실의 장벽과 싸워나가는 이야기를 담고 있다. 에린 그루웰에게 교사로서 첫걸음을 디디던 우리 모습이 겹친다.

첫사랑을 잊지 않듯 첫 수업은 잊기 어렵다. 임용고시라는 힘든 관문을 넘어 교사가 되어 마침내 첫 수업을 들어가기 전, 그토록 꿈꿔온 미래가 현실이 된 것 같아 설렘과 기쁨으로 가득하다. 하지만 현실은 행복의 실현이기보다는 배운 것과 실제가 다르다는 이질감을 먼저 느끼게 된다. 아이들은 서툰 교사의 열정과 수고를 알아주고 함께 가르치고 배울 것으로 생각했던 첫 수업의 이미지는 환상에 가깝다는 사실을 깨닫는 데는 얼마 걸리지 않는다. 현실은 아이들은 무력감에 익숙할 대로 익숙해져서 늘어져 있고, 오히려 신규 교사는 군대에 처음 들어간 군기 바짝 든 이등병의 느낌이 든다. 분명 수업을 하고 있으면서도 아이들의 눈치를 봐야 하는 느낌이 이질감의 근원이다. 이질감을 넘어 충격적인 수업 경험이라면 아마 더 오래 기억될 것이다.

에린 선생님은 부푼 꿈을 안고 첫 수업을 맞이한다. 원래 높은 교육열을 자랑하던 윌슨 고등학교였지만, 주변 환경이 열악해지고 우수한 학생은 떠나버리고 학교는 점점 망가져 간다. 겨우 열넷, 열다섯 살에 불과한 아이들은 가정에서 보호받지 못하고 각종 폭력과 인종차별 그리고 마약과 범죄에 노출되어 있다. 학교 밖에서는 서로 으르렁거리며 싸우지만, 교실에서는 그 분노를 감추고 있다. 언제 터질지 모르는 시한폭탄 같은 교실에서 아이들은 그 누구의 눈치도 보지 않는다. 더구나 백인에다 초임 여교사인 에린 선생님을 무시하며 자기들 마음대로 한다.

학교는 에린 선생님이 생각하는 것 이상으로 참담했다. 인종과 계층 간의 화합을 위해 시행했던 교육프로그램은 오히려 역효과를 가져왔다. 교칙은 아랑곳하지 않고 싸움을 계속하는 아이들을 바라보는 에린 선생님은 무력하기만 하다.

에린 선생님은 자기가 맡은 수업을 잘하려고 한다. 학생들이 좋아하는 랩 음악으로 문학 수업을 시도한다. 그런 노력에도 학생들은 에린 선생님을 무시한다. 교실 안에서도 만연한 패거리 문화를 깨부수지 않고서는 수업이 이뤄지지 않겠다고 생각한 에린 선생님은 강제로 자리를 바꾸게 한다. 그 결과는 어떻게 되었을까? 다시 엉망이 되어버린다.

통상적인 교수법이 통하지 않을 때 교사가 겪는 참담함을 담담히 표현해 주고 있다. 교실은 교사가 마음대로 할 수 있는 공간이라 생각하지만, 학생이 교사를 따라주지 않으면 지옥과 같은 공간이 되기도 한다. 영화 〈프리덤 라이터스〉의 초반은 초임 교사가 겪을 수 있는 상황을 좀 더 극적으로 그려냈다.

초임 교사는 에너지가 넘친다. 아니 넘친다고 믿는다. 적어도 교실에서 큰 상처를 받기 전까지는 말이다. 왜 상처받는가?

아이가 교사를 선택해서 만나는 것이 아니듯, 교사도 아이를 선택할 수 없다. 상급 학교 혹은 상급 학년으로 진학한 아이들을 적절한 반 편성의 기준으로 가르긴 하지만 아이는 어떤 담임교사를 만날지, 교사는 어떤 아이가 배정될지 모른다. 거기다 아이와 교사는 서로에 관한 정보가 거의 없다. 3월 초라고 생각해 보자. 아이와 교사는 배정된 반에서 사전 정보 없이 첫 만남을 가진다. 서로 어떤 성향인지

도 모른다. 상대가 무엇을 좋아하고 싫어하는지 모르는 상태에서 만난다. 특히, 교사는 아이가 이전 학년에서 어떤 일이 있었고 어떤 상태로 왔는지 알지 못하며 그런 아이가 한둘이 아니라는 점에서 더 큰 잠재적 위험이 있다.

상처가 있는 아이를 만난다면 더욱더 큰일이다. 상처를 갖고 있는 아이는 그 정도에 따라 처음 만나는 교사가 아무리 노력해도 아이가 마음의 문을 열기까지 시간이 걸리고 그동안 아이의 호의는 기대하기 어렵다. 이런 아이는 교사를 관찰하지만, 그 태도는 매우 적대적이다.

하지만 아이의 상태와 상관없이 초임 교사는 막연한 기대와 호기심을 가지고 교직 생활의 처음을 맞이한다.

초임 교사는 스스로를 훌륭한 교사라고 생각하진 않지만, 아이들 앞에 부끄럽지 않은 교사가 되려 한다. 부끄럽지 않은 교사란 아이들을 위해서 조력하고 아이들 편에 서서 대변하며 아이들에게 잘해주는 교사라고 여긴다. 노련함은 부족해도 부끄럽지 않으면 적어도 괜찮은 교사가 될 것이라 생각한다. 좀 더 관심을 보여주고, 좀 더 노력하면 잘될 것이란 막연한 기대도 가진다.

상처를 가진 아이와 기대를 가진 초임 교사가 만난다. 상처를 가진 아이 중에서 부모나 어른의 관심이나 사랑이 부족한 아이들은 교사에게 사랑을 갈구한다. 방임이나 학대를 받은 아이는 교사도 경계하거나 심하면 교사에게 증오심을 가진다. 서로에 관한 정보를 모를 때 먼저 손을 내미는 쪽은 초임 교사다. 경계하는 아이에게도, 싫은 내

색을 대놓고 하는 아이에게도 따뜻한 말 한마디를 건넨다. 그러나 되돌아오는 건 싸늘한 건방짐이나 되바라진 태도나 말이다.

사랑을 갈구하는 아이도 마찬가지다. 부모에게 받지 못한 사랑을 교사에게 갈구하는 아이는 교사의 관심과 사랑을 독점하려 한다. 밑 빠진 독에 물을 붓는 듯한 이런 과정이 계속되면 교사는 아이에게 상처받는다.

상처 주는 아이도 안다. 그 초임 교사는 자신에게 잘해주는 어른이란 것을. 아이는 어른이나 세상으로부터 받았던 상처를 자신에게 가장 잘해주는 어른인 초임 교사에게 분풀이를 해버린다.

그 순간 초임 교사는 어떤 마음이 드는가?

다리가 후들거리고, 하늘이 노래진다.

목소리는 떨리고 말도 더듬는다.

화내려고 해도 화를 내선 안 된다고 생각하기에, 날아가려는 이성을 끝까지 잡아보려 하지만, 쉽지 않다. 꼭 그럴 땐 크고 작은 실수가 생긴다. 그 틈을 비집고 들어와 날 선 비수로 후벼 파는 말을 아이에게 들으면 정신을 차릴 수 없다.

수업이 어찌어찌 끝나고 집에 돌아오면 온몸에 힘이 빠지고 무력감과 분노가 가득 찬다. 한 번도 느껴보지 못한 감정이다. 이 과정을 거의 모든 교사가 겪는다. 예외는 없다. 단, 언제 오느냐의 차이만 있을 뿐이다. 초임 교사뿐 아니라 경력 있는 중견 교사도 마찬가지다.

요즘은 여기에 아이의 부모가 더해져 더 끔찍한 경험을 한다. 그렇다면 학교 안에는 초임 교사를 지켜줄 누군가는 없단 말인가?

에린: 아이들에게 안네 프랑크의 일기로 수업을 하면 아이들의 성장에 도움이 될 것 같아요.

선배 교사: 제정신으로 하는 말입니까? 그 애들이 들어오고 나서 명문 학교였던 지금 꼴을 봐요. 그 애들은 나도 무서워요. 그런데 안네 프랑크로 수업을 하겠다고요? 안 되는 아이들은 안 되는 거예요. 당신은 그 애들에 대해 전혀 몰라요.

에린은 포기하지 않는다. 뭔가 방법이 있을 거라 생각한 에린은 선배 교사들에게 도움을 요청한다. 그러나 수업으로 아이들을 변화시키겠다고 하는 에린의 의견에 동의하지 않는 선배 교사들. 오히려 그런 시도를 하려는 에린에게 도움을 주기는커녕 가슴을 후벼 파는 비아냥으로 의지를 꺾어버린다.

예전에 이 영화를 봤을 땐 영화 속 선배 교사가 참 미웠다. 하지만 지금은 생각이 좀 다르다. 에린에게 비아냥거렸던 교사들 역시 과거에 큰 상처를 받았다는 사실을 알기 때문이다. 부정적 생각이 대물림되는 것 같아 더 처참하다.

나의 초임 시절을 되돌아본다.

영화로 수업한다고, 교실에서 운동장에서 아이들과 논다고 이것저것 새로운 시도를 할 때 협의를 하고 허락을 구해야 하는지 몰랐다. 한번은 체육 시간에 무용 평가를 했는데, 교과서에 나오는 음악이 아닌, 아이들이 좋아하던 가수들의 노래로 하게 했다. 체육관도 없던 그 시절, 운동장 여기저기에 집에서 가져온 카세트 오디오에 건전지를 넣어서 춤을 추고 놀았다. 집에서도 평가라고 하니 그러려니 했다, 학교에선 체육 시간마다 운동장에서 노랫소리가 흘러나왔고, 아이들은 멋모르는 초임 교사의 시도에 신이 나서 평소 듣고 싶었던 아이돌 가수들의 노래에 맞춰 무용 평가를 준비했다.

"선생님, 좀 더하면 안 되나요?"

한번이 어렵지 두 번은 쉽다. 아이들이 즐겁다고 하니 이번엔 털털이를 구해다 응원으로 변형해서 또 춤을 추고 놀았다. 당시 부장 교사였던 선배에게 교감이 찾아와 도대체 6학년은 체육 시간에 무용이 몇 시간 배정되어 있냐고 물었다고 한다.

"교육과정이 바뀌어서 무용 수업이 많이 배정되어 있어요."

부장 교사는 그렇게 얼버무렸고, 난 그것도 모른 체 아이들이랑 놀았다.

나에게도 상처를 준 아이, 모진 항의를 했던 부모, 이해 안 되던 교장, 교감이 있었다. 하지만 든든한 힘을 주던 선배 교사들이 있었기에 지금껏 교사로 있을 수 있었던 것 같다.

지금 난 어떤 선배 교사가 되어 있는가?

난 에린 같은 후배 교사를 만나면 어떻게 할 것인가?

도울 것이다.

내가 선배 교사에게 도움을 받았듯, 나도 후배 교사를 도울 것이다.

"선배님. 그때 왜 절 도와주셨나요?"

언젠가 먼 훗날 다시 만난 선배 교사에게 물어본 적이 있다.

"넌 거칠었지만, 애들을 위해 뭔가 하는 것이 보였거든…."

내가 그때 선배 교사들에게 받았던 도움이 빚이란 것을 안다. 그 빚은 지금 어려움을 겪는 후배 교사에게 갚아야 한다. 힘들고 위축된 후배 교사에게 손을 내밀어주는 선배 교사가 될 것이다. 내 선배들이 그러했듯이.

프리덤 라이터스(Freedom Writers, 2007)

감독 : 리처드 라브라브네스

출연 : 힐러시 스웽크(에린 그루웰 역), 패트릭 뎀시(스콧 캐시 역), 스콧 글렌(스티브 구루웰 역), 이멜다 스턴톤(마가겟 캠벨 역) 외

난 매일 학교에 와서 너 같은 애들이

스스로를 망치는 이야기를 하는 걸 들어.

진실을 이야기해 줄까? 무신경하긴 쉽지,

오히려 신경 쓰는 데 용기가 필요해.

영화 〈디태치먼트〉 중에서

아무도 교사에게
고맙다고 하지 않는다

 디태치먼트

    교사의 길에 들어서서 처음 시작하고 맞이하는 것이 학생들과 깊은 유대감에서 오는 기쁨이 아닌 좌절과 슬픔이라면 견디기 어려운 시련이다. 자기 삶도 힘겹지만, 더 힘겨워하는 학생들을 만나 좌절과 나락의 끝을 경험하게 되는 고등학교 임시 교사 헨리의 이야기를 다룬 〈디태치먼트〉는 매콤한 교직의 첫 시작이라고 하기에는 너무도 처참하다.

    첫 경험이 나쁠 수 있다. 힘들 거라고 각오하고 시작한다 해도 상상했던 것 이상이면 충격을 받는다. 가르치는 일은 간단하지 않다. 가르치기 위해 많은 준비를 하지만 이론으로 배우는 것과 교단에 서서 실제 아이들을 대하는 것에는 현격한 차이가 있다. 아이들을 마주하고 관계를 맺는 것도 쉽지 않은데, 학부모와 동료 교사와 관계를 맺는 것도 만만치 않다. 안 좋은 상황이 언제 어디서 어떻게 벌어질지 모른다는 점에서 더 어렵다. 그렇다면 교사가 힘든 상황을 얼마나 견딜 수 있을까? 상상하는 것조차 유쾌하지 않다.

헨리가 근무하는 학교의 환경은 상상 이상으로 열악하다. 학부모와 학생 들은 늘 화에 차 있는데다, 그 화를 모두 교사에게 퍼붓는다. 그런데 좀 더 살펴보면 그중에서도 좀 더 약하거나 약해 보이는 교사에게 더 집중된다. 헨리는 정식 교사가 아니며, 교직에 뜻이 있어 보이지 않는다. 그래서인지 늘 관조적인 자세로 이처럼 참담한 현실을 묵도한다.

가방은 감정이 없어. 텅 비었지. 네가 화난 거 알고 있어. 나도 예전에 그랬거든. 나에게 화내선 안 돼. 왜냐하면, 난 너에게 기회를 주는 사람이니까. 이제 내 말대로 해. 종이 한 장 줄 테니 자리에 앉아서 최선을 다해.

작문 수업을 하는 헨리에게 한 학생이 화를 내며 위협을 가한다. 질문을 했는데 받아주지 않았다며 자신을 무시했다고 헨리의 가방을 집어 던진다. 헨리의 태도는 담담하다. 그것이 자신에게 퍼붓는 것이긴 하지만, 사실은 학생 자신의 내면에 있는 화를 표현한 것뿐임을 알기 때문이다.

헨리는 학생들이 자신을 조롱하고 비하하는 것에 개의치 않지만, 약자에 대한 부정한 행위나 폭력은 용서하지 않는다. 그것은 이런 참담한 상황에서 지키려고 하는 최소한의 도덕적인 행위다. 하지만 영화 내내 헨리는 보통의 교사라면 보임 직한 도덕적인 언행은 그다지 보여주지 않는다. 그 역시 자기 삶을 살아가는 것만으로도 무척 피곤하다.

약자를 보호하는 헨리는 수업 시간에 다른 남학생들에게 조롱당하는 메디슨을 보호한다. 메디슨도 유일한 희망인 헨리의 수업에 누구보다 열심히 참여한다. 헨리는 왜 배워야 하는지 일깨워주려고 한다. 진실이 아닌 거짓으로 상대에게 상처 주고 저주를 내뿜는 이 공간에서 죽지 않고 살아가는 방법은 스스로를 지키기 위해 공부하는 것이라고 일깨워준다. 메디슨이 스스로 보호할 수 있도록 헨리는 수업이란 활동으로 힘을 실어준다.

기본 인성이 안 되어 있는 학생들은 자신을 돕는 교사를 무시하고 모욕하는 일이 일상이다. 가르치는 자에 대한 존중은 찾아볼 수 없다. 특히, 이 학교의 상담교사 파커는 인내심의 한계를 넘고 있다. 부모는 학생이 학교에서 어떤 행동을 하며 피해를 주고 있는지 안중에도 없다. 아이의 모든 잘못을 그저 학교와 지도하는 교사의 잘못으로 떠넘길 뿐이다.

파커의 무력감은 극에 달한다. 상담교사인 파커는 유독 학생들에게 많은 상처를 받는다. 파커에게 도움을 받아야 하는 학생들은 오히려 파커에게 저주에 가까운 독설과 되바라진 행동을 한다. 학생들은 학교 밖에서 자신들이 받은 상처를 파커에게 던져버린다. 어느 날 한계를 넘어버린 파커는 자신의 인생을 낭비하는 학생에게 똑같이 저주를 내지르고 무너져버린다. 동료 찰스만이 자신들의 삶이 얼마나 위태로우면서도 대단한지 이야기하며 그녀를 위로한다.

우리가 가장 힘든 이유는 아무도 우리에게 고맙다는 말을 하지 않기 때문이야. 그래서 난 너에게 고맙다고 말할게.

헨리와 파커는 영화에서만 존재하는 가상의 교사가 아니다. 초중고를 막론하고 어디든, 어느 학교에든 존재한다. 학교는 겉으로는 평온하다. 그러나 교실은 전쟁터다. 교사는 안내하고, 아이들은 따르며, 배움의 공동체가 되어야 할 학교가 전쟁터가 된 것은 어제오늘의 일이 아니다.

상담교사의 역할을 충실히 하는 파커는 누구보다 상처받은 아이들의 내면을 이해하려고 노력한다. 그리고 학생들이 얼마나 처참한 상황에 놓여 있는지 누구보다 잘 알고 있다. 하지만 이해해 주고 공감해 주는 것만큼 교사로서 해야 할 일도 있다. 그것은 아이가 스스로 상처를 치유하고 내면을 공고히 하여 학교라는 사회에서 자신의 역할을 찾고 그 과정을 통해 사회의 일원이 되는 연습을 돕는 일이다. 하지만 외부에서 혹은 다른 어른에게 상처받은 학생은 자신을 가장 잘 이해해 주는 상담교사 파커에게 화풀이한다. 상처받은 아이가 많을수록 파커의 상처도 커진다. 이것이 상담교사인 파커가 처한 현실이다.

누가 어떻게 이런 상황을 만들었는지 따지면 한도 끝도 없다. 중환자실에 누워있는 환자에게 필요한 것은 적절한 처치다. 그 처치는 생명을 살릴 전문가가 고도의 전문성을 발휘해서 집중적으로 한다. 필요하면 다른 전문가에게 협조를 구해야 하고 전문가 집단을 이뤄서 협업도 해야 한다. 전문성을 발휘할 수 있도록 권위와 독립성을 최대한으로 보장해야 하는 것은 기본이다.

이것을 학교에 대입해도 방식은 동일하다. 정서적, 행동적 혹은 심리적 문제행동을 가진 아이가 많아질수록 교사의 정신은 피폐해지는데, 보호해 줄 다른 전문가나 감싸줄 보호벽은 보이지 않는다. 특히, 교사의 정신상태가 황폐해지는 것이 극에 달하는 순간이 와도 도움받을 교사를 위한 응급실, 중환자실은 어디에도 보이지 않는다. 학교는 평온한데 교실에서 상처받는 교사가 너무 많다.

더 큰 문제는 이제 교직에 처음 발을 들인 교사와 경험이 적은 교사에게 더 큰 시련이 몰아친다는 점이다.

상담교사 파커가 위험하다. 파커는 소진되었다. 소진되어 무력해져도 더 소진되고 상처받은 아이들을 대해야 하는 현실을 피할 수 없다. 정신적인 손실을 치유할 사이도 없이 아이를 대해야 하는 것이 교사의 운명이다. 관심과 사랑에 굶주리고 불편하며 아픈 아이들은 부모에게 받지 못한 것을 어떻게 해서든 교사에게 받아내려고 한다. 특히, 장애를 대하는 특수교사나 마음의 상처를 다독여야 하는 상담교사 그리고 몸보다 마음이 아픈 아이들이 더 많이 찾는 보건교사에게 이런 현실은 늘 일상이다.

들어주고, 기다리고, 참고, 도와주는 것이 일상인 그들이 먼저 소진된다. 소진된 기력을 채울 새 없이 밀고 들어오며, 들이닥치는 아이를 보며 한계에 다다르면 교사도 통제선을 넘는다. 그 순간 교사는 자신이 가진 모든 경력이 박살 날 위험에 처한다. 담임과 교과교사라 해서 크게 다르진 않다. 소진과 통제선을 넘는 상황이 오지 않았다면, 아직 자신의 때가 되지 않았을 뿐이다.

지금 닥친 시련에 가장 필요하고 가장 중요한 것은 선배 교사 찰스의 위로와 손길이다. 찰스는 그 많은 시련과 고통에서 어떻게 자유로울까? 아니다. 사실 그 역시 자유롭지 않다. 찰스 역시 소진을 겪고 있다. 오히려 찰스의 소진이 더 큰 고통일지 모른다. 그가 먹는 약이 증명해 준다. 파커가 겪는 고통은 과거 찰스에게도 있었다. 지금은 누적된 절망이 고통으로 뭉쳐져 약이 아니면 견딜 수 없는 지경까지 갔다. 무력감이 전신을 휘감고 있지만 적어도 파커에겐 내색하지 않는다. 아니 내색할 수도 없다.

왜 그럴까? 선배인 자신보다 더 힘겨워하는 후배 파커가 눈에 보이기 때문이다. 고통이 무엇인지 말해주며 죽을 것 같은 자신의 처지를 보여주는 찰스의 얼굴에는 천진난만한 미소가 가득하다. 찰스가 겪은 고통이 무엇인지 영화에선 나오지 않는다. 그러나 파커를 바라보는 눈에서 그가 겪었고, 감내했을 고통이 무엇인지 어렴풋이 짐작할 수 있다. 그 과정에서 쓰러지지 않고 버텨온 그 자체로 찰스의 깊이가 느껴진다.

파커에게 말한 '고맙다'는 의미는 무엇일까? 지금의 교사에게 진정으로 필요한 것은 고맙다는 인정과 감사하다는 위로다.

그걸 정말 듣고 싶었던 이는 오히려 파커보다는 찰스였을지 모른다. 찰스가 듣고 싶었던 감사는 힘든 일을 하고 있는 교사에 대한 인정과 위로였다. 그토록 듣고 싶었던 감사의 말을 아무도 해주지 않아서 힘들어한 찰스는 고통받는 후배 교사 파커의 사정을 누구보다 잘 알고 이해한다. 과거의 상처에 침몰하지 않고 그 아픔을 공감해 주며 자신이 그토록 듣고 싶었던 인정과 위로의 감사를 파커에게 해준 찰스가 더 눈에 와닿는 이유가 여기에 있다.

위로받던 아이도 스스로 믿고 일어서려는 시도를 할 때 교사의 도움을 받아 설 수 있듯 나락으로 빠지는 교사도 스스로 서는 힘이 있어야 아이를 도울 수 있다. 하지만 현실에선 어렵다. 나락으로 빠지려 할 때 손을 잡아주는 동료 교사가 있다면 그나마 위기를 넘길 수 있다. 이젠 어떤 교사도 고통에서 자유롭지 않은 시대가 되었다. 교육의 시스템이 붕괴할 위기에 처했다.

아직 희망은 있다. 힘들고 어려운 학생들을 도우려는 교사의 마음은 아직 사그라지지 않았다. 그 증거를 헨리와 찰스는 자신만의 방식으로 보여준다. 특히, 헨리는 강한 자가 아니다. 그런데도 자신보다 약한 메디슨을 보호하려는 헨리의 태도는 자신보다 더 약한 자를 보호하는 것이 그에게 남은 최소한의 인간적인 존엄의 표현은 아니었을까?

그러나 잊지 말아야 한다. 헨리와 찰스 같은 교사도 점점 사라져간 다. 희망이 사그라지기 전에 지키고 키워야 한다. 이것이 지금 교육 현장에서 터져 나오는 절박한 외침이다.

디태치먼트(Detachment, 2014)

감독 : 토니 케이

출연 : 애드리안 브론디(헨리 역), 루시 리우(파커 역), 제임스 칸(찰스 역), 마샤 게이 하든
   (캐롤 역)

학교가 망가지면
안전판이 사라진다

 고독한 스승

지옥에 갈 놈들. 학교 꼴이 엉망이 되겠군.

실화가 아니라면 믿기 어려운 학교가 있다. 1967년 미국 뉴저지의 이스트사이드 고교는 당시 최고의 일류학교였다. 젊고 유능했던 죠 클락은 이 학교에서 가장 능력 있는 교사였다. 그는 아이들에게 인기가 있었으며, 인기의 비결은 공부를 철저히 시키는 것에 있었다. 그러나 클락은 이사회에 미움을 사고 있었다. 클락은 공부를 통해 실력을 키워 사회의 부조리에 맞서는 어른이 되는 교육을 했다. 부조리에 저항하는 힘을 기르게 하는 클락의 교육 방식은 거칠었다. 부조리한 것이 있으면 사정없이 비판했으며, 자신의 교육 방식에 방해가 된다면 학교와 이사회와 싸우는 것도 마다하지 않았다. 그러기에 이사회의 미움을 사기에 충분했다. 이사회는 경비를 줄인다는 명목으로 고등교사인 클락에게 초등학교로 내려가라고 했고, 그런 수모를 주자 클락은 미련 없이 다른 학교로 떠났다.

20년이 지나는 동안 학교는 무질서와 폭력과 마약으로 찌들었다. 악화가 양화를 구축한다는 말이 있다. 안 좋은 것이 남아 있는 좋은 것도 없애버린다는 뜻이다. 한번 나빠진 학교에서 지내는 학생들은 자신들의 행동이 좋은지 나쁜지 구분도 하지 않는다. 폭력을 말리는 교사를 아무렇지도 않게 폭행하는 것을 스포츠처럼 여겼다. 아이들 역시 마찬가지다. 폭력이 난무하는 거친 환경은 약한 아이들에겐 도움조차 구할 수 없는 곳이 되어버렸다.

기초학력 미달로 학교가 존폐의 기로에 서자 이 사단을 초래한 시장과 교육장은 클락을 찾는다. 무너진 학교를 다시 일으키기 위해 클락은 교장으로 부임하지만, 망가질 대로 망가진 학교의 모습은 상상 이상이었다. 클락은 학교를 바로 세우기 위해 면학 분위기를 조성해야 했다. 그래야만 기초학력 평가를 통과할 수 있었다고 여겼다. 무기력한 학생과 폭력적인 학생이 뒤엉킨 학교에서 교사들은 손을 놓고 있었다. 이런 상황에서 성적 올리기는 고사하고 정상적으로 학교를 운영하는 것 자체가 불가능해 보였다. 무엇부터 어떻게 손쓸 방법을 찾기 어려운 현실에 클락 교장은 극단의 처방을 내린다.

여기는 배움의 장소이고 가르치려면 권위를 가져야 해요. 원칙을 잃어서는 안됩니다.

누구든지 싫으면 나가시오. 몇 년 동안 당신들이 맡았는데 아이들이
글도 못 읽어요.
난 이 학교를 바꿔놓을 것이오.

클락 교장은 갱단에 연루되어 있거나 마약을 하는 학생들을 강당에
불러 세운다. 그러고는 퇴학을 명령한다. 클락 교장은 교사들과 학교
심지어는 부모들의 반대에도 독버섯처럼 자라난 불량 학생들을 학교
에서 밀어내버린다. 그러고는 남은 학생들에게, 인생의 실패는 다른
곳에 있는 것이 아니라 자신의 무지와 나태에 있다고 말한다.

영화에 그려진 미국 공교육의 모습에서 우리 교육에 참고할 것은
보이지 않는다. 오히려 우리가 더 나은 형편으로 보인다. 그러나 이
것도 자신할 수 없다. 미국의 공교육이 겉으로 망가진 외상이 많이
보인다면, 우리의 공교육은 안에서부터 망가지고 있는 내상이 더 크
다. 더군다나 이제는 그 내상을 감출 수도 없어 폭발하기 일보 직전
이다.

문제의 원인을 찾으려고 상황을 살펴보면 어디서부터 손을 대야 할
지 종잡을 수 없는 지경일 때가 있다. 마치 종양이 발견되어 검사를
해봤더니 이미 온몸에 암세포가 전이된 것처럼. 문제가 너무 많아 어
떻게 해야 할지 모를 땐 오히려 특정의 문제로 지적할 수 없다. 하나
의 문제도 여러 원인이 복합적으로 얽혀 있고, 이런 것들이 여러 개
라 문제의 핵심을 한 번에 해결할 수 없다는 뜻이다.

표면적 문제인 기초학력평가 미달을 살펴보면, 학생들이 공부를 등한히 하고 교사들이 가르침을 포기해서 생기는 문제로 단순화할 수 없다. 가정과 사회가 본연의 기능을 제대로 하지 못한 상태에서 학생들의 부적응행동은 문제행동으로 변했고, 문제행동은 다시 불법과 폭력 그리고 해서는 안 되는 마약에 손을 대는 데까지 이른다. 이런 상황에서 학교는 배움의 장이 아니라 가정과 사회에서 생기는 온갖 문제가 확대 재생산되는 곳이 되었다. 더욱더 큰 문제는 이 모든 상황이 학교에서 가르치지 않아서 생겼다고 말한다. 따라서 그 책임은 모두 학교에 있다고 떠넘긴다. 왜 이 모든 걸 학교가 책임져야 하는가? 책임을 물어야 할 것은 다른 것에 있다.

학교는 기초학력과 기본 태도를 습득하고 체화하는 곳이다. 그런데 정작 가르쳐야 할 기초와 기본을 습득하고 체화하기 전에 무수히 많은 잡다한 것이 쏟아져 들어왔다. 사회에서 어떤 문제가 생길 때마다 그 원인을 교육에 돌렸고 책임은 학교에 넘겼다. 문제가 생길 때마다 법률을 만들고 학교에 강제했다. 또한, 아무리 바꿔도 개선되지 않는 입시라는 줄 세우기 앞에서 역설적으로 기초와 기본 교육은 등한히 되었다.

오히려 기초와 기본의 중요성을 누구보다 잘 아는 교사들만 아무도 관심을 가지지 않는 기초, 기본 교육에 매진하다 쓰러져갔다. 부진한 아이를 남겨서 공부시켜 보려고 한 교사치고 부모에게 항의 한번 안 받아본 교사가 없다. 기초, 기본교육을 하려고 하는 교사를 보호하고 지원하며 수용하지 않는 부모들에게 강제하지 못하는 교육시스템이 가장 큰 책임을 져야 한다. 잘못된 교육시스템을 바꾸라고 하면서 정작 그 책임을 진 교육당국과 정부 그리고 정치권은 이것에 대해 근본적인 대책을 세운 적이 없다. 그들은 책임진 적이 없다. 그러는 동안 학교는 엉망이 되었고, 그동안 아무도 관심을 갖지 않았다.

혼자 해결할 수 없는 문제가 생기면 누군가 해결해 주기를 바란다. 그것이 사회적인 문제면 영웅을 찾는다. 온갖 문제와 퇴행을 일소해 줄 영웅이 나타나 세상을 구원할 것이라 믿는다. 아니 믿고 싶다. 하지만 적어도 교육 분야에선 그런 영웅이 나타날 수 없다.

교육은 아이가 건강한 민주시민으로 자라도록 성장하는 것을 목표로 하지만 교육을 한다고 모두 변화하는 것은 아니다. 교육활동은 인간 행동의 계획적인 변화를 위해 하는 것이지만, 가르친다고 해서 다 변하지 않는다. 가르치는 교사와 배우는 학생의 상호작용 속에 가끔 믿을 수 없는 변화가 나타날 수 있다. 하지만 그것은 어느 한순간의 노력이 아닌 차근차근 쌓아간 일상의 힘이 농축되어 나온 결과다. 물론, 그 과정에 남들보다 더 수고한 교사와 인내하고 따른 아이가 있다. 그 과정과 결과를 높이 평가할 수는 있지만, 이것을 강요하거나 당연하게 생각하면 문제의 본질에서 벗어나 개인과 조직의 문제로 국한된다.

교육에서 개인의 문제는 교사의 문제로, 조직의 문제는 학교의 문제가 되어버린다. 교사가 변하지 않아서, 학교가 혁신적이지 않아서 교육이 무너지고 사회가 망가진다고 여기는 자들은 정작 교육 그 자체에 관심이 없다. 언제 교사와 학교가 교육을 제대로 하도록 내버려 둔 적이 있던가? 지원이란 이름으로 간섭하고, 모니터링이란 이름으로 감시하며, 컨설팅이란 이름으로 훈수 두는 관료조직과 그 관료조직을 움직이는 정치와 그 정치에 영향을 주는 수많은 사회의 장삼이사와 내 새끼를 잘 키우겠다는 부모가 어우러져 모든 걸 요구하면서 아무도 책임지지 않고 권리만 주장하는 것이 지금의 교육 현실 아닌가? 〈고독한 스승〉에 나오는 이스트사이드 고교와 지금의 학교는 무엇이 같고, 무엇이 다른가? 겉으로 번듯해 보일 뿐 속으로 망가진 우리 교육 현실 역시 피폐하긴 마찬가지다.

클락 교장은 독단적이다. 그는 학교와 학생을 구해야 한다는 신념에 차 있다. 그러나 함께하는 교사들도 가혹하게 대한다. 고맙다, 수고했다는 말 한마디 없다. 그런 갈등이 심해질 무렵 드디어 학교의 운명을 결정하게 될 기초학력 평가일이 되었고, 시험을 치르기 한 시간 전에 전교생이 한자리에 모였다.

마지막 전의를 불태우려는 클락 교장은 비장한 이 상황을 연설로 전달하지 않는다. 음악 선생님을 불러 노래의 선창을 부탁한다. 구슬프면서도 힘이 있는 음악 선생님의 'Lean On Me'는 구성원 모두의 합창으로 이어진다.

Lean on me when you're not strong
당신이 강하지 못할 때 내게 기대요

And I'll be your friend, I'll help you carry on

당신의 친구가 되고, 살아가도록 도와줄게요

For it won't be long

오래 가지는 않을 거예요

'Til I'm gonna need somebody to lean on.

저 또한 기댈 누군가가 필요할 때까지 말이죠

You just call on me, brother, when you need a hand

그저 날 불러요, 형제여, 도움이 필요할 때

We all need somebody to lean on.

우린 모두 기댈 누군가가 필요해요

I just might have a problem that you'll understand,

당신이 이해할 수 있는 문제가 내게 생길지도 몰라요,

We all need somebody to lean on.

우린 모두 기댈 누군가가 필요해요

갈등의 해소가 노래 한 번에 이뤄지는 것은 영화이기에 가능하다.

클락 교장이 학생과 부모 그리고 교사에게까지 강조했던 공부와 성적에 대해 고민해 볼 필요가 있다. 기초학력은 말하고, 읽고, 쓰며, 셈하는 능력이 기본이다. 클락 교장은 왜 이것을 강조하는가? 그렇게 중요하다면 왜 교사와 협력하고, 부모를 설득하며, 지역 사회에 문호를 열고 함께 하지 않을까? 왜 오히려 독단적이고 강압적으로 밀어붙일까?

　기초학력은 당장 표가 나지 않지만, 아이의 성장과 어른이 된 이후까지 삶의 모든 부분에 영향을 주는 바탕이다. 특히, 불우한 가정환경과 불평등한 사회에서 최소한 인간으로서 존엄을 잃지 않고, 스스로 삶을 개척하며 살기 위해선 배우고 익혀야 한다. 자신을 절제하고 타인과 협력하며 삶의 문제를 해결할 줄 알아야 한다. 그러려면 말하고 듣고 읽고 쓰며 셈하는 능력이 반드시 필요하다. 기초학력 신장을 위해선 가정에서 안정된 정서와 건강을 유지하는 능력을 길러야 한다. 그리고 사회는 이런 가정의 역할이 충실히 될 수 있도록 기반을 조성해야 한다. 당시 이스트 고교의 상황은 가정과 사회의 도움과 지지를 받을 형편이 되지 않기에 클락 교장은 그 어떤 어려움을 무릅쓰고서라도 학생을 공부시키려 하고, 그것을 방해하는 그 어떤 것에도 단호히 대처한 것이다.

　내가 클락 교장과 함께 근무하는 교사라고 상상해 본다. 끔찍하다. 예전의 나라면 독단적인 교장이라고 싸웠을 것이다. 하지만 지금은 다르다. 교장 개인의 이익을 위한 독단이 아니란 것을 알기에 협조할 것이다. 그 이유도 바로 기초학력의 중요성을 인정하기 때문이다. 클락 교장은 정규 시간이 모자라면 시간을 더 내서라도, 찾아가서라도 가르치라고 한다. 다른 이유로 더 일하라고 한다면 나도 반대할 것이다. 그러나 학력, 그것도 기초학력, 읽고 쓰는 능력이 부족한 아이들을 더 가르쳐야 하기 때문이라고 하면 반대하지 않을 것이다. 오히려 더 적극적으로 가르칠 것이다.

왜 그런가? 가르치는 것이 교사에게 의미 있어야 하고, 배움이 아이의 삶에 도움이 되어야 한다. 읽고, 쓰고의 기초학력이 없는 아이가 삶을 살아가는 데 겪어야 할 고난은 인생 전체에 비춰보면 상상을 초월한다. 미국 사회의 모습을 보면 불우한 가정과 사회 환경에서 자란 저소득층 아이는 특별한 재능이 없다면 대학은커녕 고등학교 졸업으로 학력은 단절되며 절제되지 않은 삶을 이어가고 또다시 그들의 자녀에게 대물림되는 경우가 흔하다.

멀리 외국을 볼 것도 없이 우리 현실을 봐도 기초학력이 부족한 아이들은 학교생활에서 자기 조절과 관리가 안 된다. 현실을 왜곡하고 자기중심적으로 생활하다 스스로를 망치고 교우관계는 박살나며 문제 상황을 초래하고 괴로워하는 아이들을 숱하게 본다. 이런 상황을 지켜보는 교사도 아픔을 느낀다. 교실에서 더 많이 보이고, 교실 밖에선 잘 볼 수 없기에 기초학력은 아이의 부모보다 교사가 더 절실하게 느낀다.

학교가 망가지는 것은 배움에서 길을 찾지 못하는 아이가 많기 때문이다. 길을 잃어버린 것은 가르칠 교사가 무기력해졌기 때문이다. 아이는 배우고 교사는 가르쳐야 한다. 아이는 기초학력을 길러야 하고, 교사는 더 많은 역량을 기초학력을 가르치는 데 써야 한다. 왜 교육이 이 모양이냐고 욕하기 전에 아이가 배울 준비가 되어 있는지, 학교가 제대로 아이들을 가르칠 수 있는 여건인지를 돌아봐야 한다. 그 이유와 원인을 교사와 학교에 전가하는 것을 멈추지 않는다면, 지금보다 상황이 나아지는 것을 기대할 수 없다. 아니 오히려 더 나빠질 뿐이다.

가르치고 배우는 것의 핵심은 기초, 기본교육에 있다. 기본 태도 위에 기초 교육을 해야 한다. 국가는 이것을 하라고 교원의 지위를 보장하고 있고, 수많은 예산과 자원을 학교에 투입하고 있다. 이것이 내가 믿고 있는 공교육으로서 학교가 가진 안전판이다. 나는 그 안전판 위에서 소신 있게 아이를 가르친다. 공부를 잘하는 아이보다 기초학력이 부족하고 떨어지는 아이를 가르치는 것이 더 어렵고 힘들지만, 그 과정을 이해하고 인정해 줄 것이라 믿는 안전판이 있기에 할 수 있다.

만약, 믿고 있는 안전판이 사라진 학교라면 교사로서 더 이상 존재할 이유도 가치도 없다. 난 그것이 두렵다. 학교 안팎으로 무기력하게 쓰러진 교사들에게 비정한 쓴소리를 퍼붓는 것이 유행이다. 잘못된 것을 비판하는 것은 당연하다. 하지만 교육에서 이런 일차원적인 비판은 옳지 않다. 나는 조 클락 교장의 교육활동에 동의하지 않는다. 하지만 그는 몸으로 보여줬다. 기초교육을 하려는 교장의 의지는 그것을 싫어하는 학부모들의 저항과 고소, 고발에도 멈추지 않는다. 클락 교장은 학교가 해야 할 마지막 안전판을 자처하고 있다. 기초, 기본 교육을 포기할 수 없다고 몸으로 외치고 있다.

그것이 눈에 보이는 나이가 되었다. 난 클락 같은 독재자가 학교장이 되는 것을 바라지 않는다. 그러나 학교의 안전판이 사라지고, 배움의 존재와 이유가 사라져 난장판이 된다면 내가 클락 같은 독재자가 되어 나 자신을 버려서라도 학교를 지키고 그 모든 책무를 짊어지는 선택을 해야 할 순간이 올 것이다. 난 그것이 두렵다.

고독한 스승(Lean on Me, 1989)

감독 : 존 G. 아빌드센

출연 : 모건 프리먼(죠 클락 역), 비버리 토드(리비어스 교사 역), 산드라 리브스(음악 교사 역) 외

가르침의 논리성과
배움의 비논리성

 매트릭스 리로디드

　낮에는 평범한 프로그래머로 살아가던 앤더슨이 네오라는 해커로 활동하다 모피어스와 만나 가상현실인 매트릭스의 실체와 마주한다는 내용을 담은 영화 〈매트릭스〉 3부작은 무엇을 상상하든, 상상 그 이상을 보여준다는 광고에 걸맞게 당시 엄청난 충격으로 다가온 영화다. 특히, 가상현실인 매트릭스의 지배자인 인공지능 아키텍트와 만나는 2편 〈매트릭스 리로디드〉에서 나온 아키텍트와 네오의 대화를 살펴보면 가르치는 교사와 배우는 아이의 관계를 전혀 다른 시각에서 조망해 볼 수 있다.

　아키텍트: 난 이곳의 창조자야. 자넬 기다렸어. 자넨 인간이라서, 내 대답을 이해하지 못할 수 있어.

네오: 내가 왜 여기에 있는 거지?

아키텍트: 넌 완벽하게 창조된 매트릭스에서 적응을 거부한 변종이야. 그래서 여기까지 온 거지. 네가 가장 빨리 여기에 왔어.

네오: 뭐라고? 내가 가장 처음 온 것이 아니라고? 그럼 나와 같은 존재가 또 있었단 말이야?

아키텍트: 흥미롭군. 넌 여섯 번째야. 완벽히 통제되는 매트릭스에서 여기까지 왔다는 건 새로운 버전이 탄생한다는 것을 의미하지.

네오: 날 통제하진 못해. 널 죽여 버릴 거야. 날 조종할 수 없어.

아키텍트: 조종하는 게 아니야. 변종은 매트릭스에서 태어나는 산물이야. 아무리 완벽한 조건을 줘도 변종은 탄생하니까.

네오: 그렇다면 내가 이런 상황을 선택했다는 말인가?

영화 〈매트릭스〉는 총 3부작으로 제작되었고, 실제와 가상, 인간의 존재 의미가 무엇인지를 철학적으로 묻고 있어 쉽게 이해하기 어려운 점도 많다. 네오와 아키텍트가 만나는 장면은 짧은 대화가 전부이지만, 그 속에 담긴 이야기는 가르침과 배움의 관계를 설명하는 데도 영감을 준다. 특히 매트릭스를 학교로, 네오를 학생으로, 아키텍트를 교사로 바꿔 읽으면 가르침과 배움, 논리성과 비논리성, 교사와 학생의 관계, 그 속에서 선택이 뜻하는 함의를 생각해 볼 수 있다.

영화 〈매트릭스〉의 배경 설명을 다룬 〈애니매트릭스〉의 '두 번째 르네상스'란 에피소드에는 매트릭스의 탄생에 관한 비화가 담겨 있다. 인간과의 전쟁에서 승리한 인공지능 아키텍트(영화에서는 기계로 나

옴)는 항복의 조건으로 인간을 살려두는 대신 살아있는 배터리가 되라는 요구를 한다. 계속 밀리던 인간들이 아키텍트의 전력원인 태양을 가리기 위해 지구를 거대한 구름으로 덮어버렸는데, 인간을 연구하던 아키텍트는 인간의 몸에 미세한 전류가 흐른다는 사실을 알아냈기 때문이다. 그래서 인간의 육체는 기계가 만든 배양통에 갇힌다. 마치 수경식물을 재배하듯 아키텍트가 조종하는 배양통에서 인간을 키운다. 인간은 육체의 현실을 잊은 채 정신은 아키텍트가 만든 가상현실을 살아가게 된다. 그렇게 해서 아키텍트는 인간의 몸에서 생기는 전기를 얻는다. 인간의 정신은 아키텍트가 만든 가상현실에서 고통을 잊은 채 자유롭게 살고 있다고 착각한다. 그 착각은 현실이 가상일 것이란 의심 자체를 못 하게 한다. 아키텍트가 만든 가상현실의 공간, 그것이 바로 매트릭스이다.

철저하게 인간을 연구한 아키텍트는 인간 특유의 폭력성을 잠재우고 이상으로 여겼던 천국을 모티브로 구현해서 매트릭스를 만들었지만 실패했다. 인간이 가진 불완전성 때문이었다. 논리적으로 완벽한 매트릭스를 만들었지만, 인간의 감성은 불안정했고 적응하지 못하는 상황이 되자, 아키텍트는 다시 인간의 감성을 연구해서 불완전하지만 인간의 선택에 따라 전개되는 새로운 매트릭스를 창조했다.

인간의 선택이 매번 논리적이거나 합리적인 것은 아니었다. 아키텍트는 최적의 방법을 제시했지만 선택권은 주지 않았기에 불만을 품은 인간은 아키텍트가 제공한 완벽한 매트릭스를 받아들이지 못했던 것이다. 시스템을 망칠 수 없었던 아키텍트는 어쩔 수 없이 인간이 선택할 수 있는 새로운 버전의 매트릭스를 만들었고, 이것은 인간이 어떤 선택을 하느냐에 따라 매트릭스 전체가 바뀌는 형태였다. 인간의 선택을 통해 매트릭스는 이어갈 수 있었지만, 시스템이 불안정해지는 약점이 있었기에 아키텍트는 이 상황을 효과적으로 통제할 방법을 찾았다. 그것은 시스템 안에 휴지통을 만드는 것이다. 즉 선택권을 줬지만 통제 가능한 것은 매트릭스에 남기되, 통제 범위를 벗어나는 선택을 하는 인간이 있으면 시스템의 구석구석으로 퍼지지 않도록 특정 구역을 만들어 그곳에서 존재하도록 했다.

영화에서는 '시온'이란 곳으로 묘사되고, 이런 과정을 안정적으로 운영할 '오라클'이란 가상의 프로그램도 만든다. 오라클은 인간과 가장 밀접하게 관계하면서 매트릭스에 의문을 가지는 변종을 감지하고 안내하는 역할을 맡았다. 감성을 탑재한 프로그램이지만 인간의 형상을 하고 있고, 무엇보다 아키텍트의 분체이기 때문에 인간이 어떤 선택을 하든 아키텍트는 인간의 의도를 알 수 있었다. 그러기에 인간 사회를 조종할 수 있었으며, 통제도 가능했다. 그러다 너무 많은 인간의 선택으로 시스템이 수용할 수 없는 부하가 걸리고 휴지통의 용량이 다 차면 새로운 매트릭스를 창조했다. 새로운 매트릭스의 창조는 이전 버전의 삭제를 의미한다. 이전 버전에서 인간의 선택에 따른 수없는 오류 중 해결하지 못한 것을 분석하여 대응할 수 있는 더욱더 발전된 논리성을 갖추되, 감성을 겸비해 비논리적으로 보이게 한 새로운 시스템을 구축하는 것이다.

아키텍트를 교사로, 인간을 학생으로 바꿔보자.

가르침을 보다 이성을 바탕으로 한 논리성으로, 배움을 보다 감성을 바탕으로 한 비논리성으로 바꿀 수 있다. 그러면 매트릭스는 교실 현장이 되고, 시스템은 교육과정이나 수업이 된다.

아키텍트가 그랬던 것처럼 교사는 보다 정선된 내용과 정돈된 방법으로 가르침을 주려고 한다. 그것이 가장 정확하고 확실하며, 검증 가능한 방법이기 때문이다. 교사가 제시한 과정을 학생은 이수하기만 하면 배울 수 있다. 교사는 미리 학생의 상태를 파악하여 이미 검증된 자료와 수업 방식을 학생에게 제시하고 학생은 단계에 맞게 배우면 실수와 실패 없이 학습의 효과가 나타날 것이라 예상한다. 물론, 그 과정에서 나타날 수 있는 학생의 인식 오류도 예측하기 때문에 적절한 피드백을 주면 수준차가 나는 학생도 뒤처짐 없이 과정을 이수할 수 있다고 믿는다.

하지만 아무리 이성적으로 완벽하게 설계하더라도 실제 수업 현장에 적용하면 교사가 전달하려는 가르침이 학생의 배움으로 이식된다는 보장이 없다. 그래서 수업 현장에서는 계획한 수업이 정상적으로 작동할 수 있도록 끊임없이 변형해야 하는 문제가 생긴다. 예상 범위 안에서 문제가 생기면 지도 방식을 변형하면서 수업 목표에 도달하도록 유도하지만, 그런 임기응변이 통하지 않을 땐 수업 설계를 아예 처음부터 다시 해야 한다. 그런 점에서는 영화 속 매트릭스의 상황과 유사하다.

수업은 사전에 교사가 설계하지만, 수업을 진행하면서 끊임없이 변경해야 한다. 그 이유는 학생에게 있다. 학생은 끊임없이 교사의 지도 방법과 내용에 대해 무조건 받아들이는 존재가 아니라 계속 의심하고, 될 수 있으면 편한 방식을 찾으며, 할 수 있으면 회피하려고 하기 때문이다.

'선택'은 〈매트릭스〉 시리즈 전체를 관통하는 핵심 키워드다. 화려하지만 복잡한 영화의 줄거리와 맥락에서 선택이 가진 의미는 다양하다. 현실에서도 교사의 선택이냐, 학생의 선택이냐에 따라 수업의 과정과 결과가 달라진다.

교사의 선택만 있고 학생의 선택이 없으면, 죽은 교육과 수업이 된다. 반대로 교사의 선택은 없고 학생의 선택만 있다면, 그건 수업이 아니다. 죽은 수업이라도 끌고 가고 싶으면 학생의 선택을 배제할 수 있지만, 실제 수업에선 불가능하다. 학생의 에너지는 교사가 생각하는 것보다 더 크기 때문이다. 그래서 이성으로 통제할 수 있는 합리적인 수준에서 학생이 선택할 수 있는 권한을 주려 한다. 여기엔 또 다른 문제가 생긴다.

선택권이 많으면 합리적이고 이성적이며 보다 발전된 방향으로 전개될 것 같지만, 현실은 그렇게 녹록지 않다. 가장 강력한 인공지능인 아키텍트는 시스템의 모든 것을 통제할 수 있는 무소불위의 권력을 가졌음에도 인간의 불안정한 감성을 통제하지 못해 매번 시스템을 업그레이드한다. 하지만 교사에겐 그만한 권력과 권한이 없다. 선택과 통제라는 병립하기 어려운 명제를 어떻게 조절해야 할지 막막한 것이 현실이며 이것을 어떻게 조절하느냐가 관건이다.

이 문제를 해결하는 데 한 가지 힌트를 발견한다. 인간은 불안정성과 의심과 나태함 그리고 회피하려는 성향이 있지만, 선택권을 주면 예상치 못한 이득이 있다. 인간이 스스로 선택한 것에 대해선 결과를 불만 없이 받아들인다는 점이다. 아키텍트가 업그레이드라는 불편하고 불안정한 시스템 유지 방법을 선택하게 한 것 역시 인간의 불안정성 때문이다. 완벽하고 검증된 아키텍트의 방식이 아니라 인간의 선택이 우선 되었을 땐 좋은 결과가 안 나올 수 있다. 하지만 선택한 결과가 나빠도 자신의 선택에 인간은 실망하지 않는다. 대신 좀 나은 방법이 없는지 찾는다. 인간은 방법을 찾지만 무엇을 해야 할지 고민한다. 이때 아키텍트는 인간이 선택할 만한 또 다른 제안을 한다. 그려면 인간은 그중 가장 마음에 드는 걸 선택한다. 이 선택은 더 좋은 결과가 나올 가능성이 크다. 이로써 아키텍트는 인간에게 주도권을 주면서도 목표를 이룬다. 대신 변경과 수정의 단계가 늘어난다.

수업도 마찬가지다. 아이들이 스스로 선택할 수 있는 설계를 수업에 적용하면 실패하는 상황에 놓이더라도 아이들은 실망하지 않고 돌파할 방법을 찾는다. 이때 교사가 도움을 주는 것이 더 효과적이다. 역시 교사가 정해주지 않고 학생이 방법을 찾도록 유도한다. 조언을 주더라도 완벽한 것을 주기보단 힌트를 준다. 그 힌트가 결정적이라고 해도 문제를 해결하는 학생은 자기 스스로 했다고 여긴다. 학생은 주도권을 가지고 문제를 해결했다고 생각한다. 그러나 실제 주도권은 교사에게 있다. 학생 스스로 주도권을 행사했다고 믿게끔 변경과 수정의 기회를 주는 계획 자체는 교사가 구안한 것이기 때문이다.

교사는 교육학을 배웠고, 교수법을 이수했다. 그 과정에서 교사의 주도권과 학생의 선택에 대한 고민을 배운 적은 없다. 현장에서 직접 학생과 부딪쳐 봐야, 그 의미를 알 수 있다. 또 교사마다 개인차가 존재한다. 교단에 선 첫날 첫 시간부터 교사의 주도권과 학생의 선택권 간에 혼란함을 느끼는 교사도 있고, 십수 년이 흘러도 못 느끼는 교사도 있다. 가르침과 배움의 논리성과 비논리성에 관해 고민하는 순간이 바로 교사가 한 단계 업그레이드하는 문턱에 서는 순간이다.

선택은 학생만 하는 것이 아니다. 교육과정과 수업을 유연하게 적용하고 운영하는 교사가 될 것인가? 아니면 빈틈없는 교육과정을 설계하고 완벽한 수업을 위해 준비하고 실행하는 교사가 될 것인가? 이 갈림길에서 교사는 선택을 하게 된다.

교사라면 누구나 유연하고 창의적인 교육과정과 수업을 꿈꾸지만, 현실에 구현하지 못하는 이유는 유연한 교육과정과 수업이 초래할 학생의 선택이 무엇일지 모르고 그것을 통제하기 어렵다고 생각하기 때문이다. 그래서 꿈만 꾸고, 희망으로 남기며, 현실에 안주한다.

그렇다면, 좀 더 솔직해져 보자. 관문에 서서 갈림길을 마주했을 때 정작 믿지 못하는 것은 학생인가, 교사 자신인가? 자신을 믿지 못하는 교사는 어떤 선택을 할지 모르는 학생을 믿지 못한다. 하지만 잊지 말아야 할 것이 있다. 개별 학생의 선택은 다양하더라도 그런 학생들이 교사와 함께 고민하고 구안한 선택은 교사가 원래 생각한 결과보다 좋을 가능성이 크다. 그걸 어떻게 알 수 있을까? 주변을 둘러 다른 교사들을 보면 된다. 주변에 안 보이면 범위를 더 넓히면 된다.

분명 교육과정과 수업을 자유롭고 유연하게 적용하고 실행하는 교사가 있다. 그들도 예전에 관문과 갈림길을 만났고 선택했으며 지금의 모습으로 결과를 보여주고 있다. 그래도 못 믿겠다면 방법은 없다.

대신 언제라도 그 관문과 갈림길에 선다면 과감하게 도전하기를 바란다. 생각해 보니 이미 그런 순간이 있었는데 놓쳐버렸을 수도 있다. 그렇다고 후회하지 않아도 된다. 또다시 관문과 갈림길은 다가올 것이기 때문이다. 아직 교사로서 어려움과 힘듦이 없이 무난하고 순탄하게 지나왔다면, 예상하지 못한 어느 순간에 거대한 벽처럼 관문과 갈림길이 나타날 것이다.

그 순간 무엇을 선택하고 어떻게 행동하느냐에 따라 향후 교사의 길은 달라진다. 확실한 것은 두 가지다. 그 하나는 무엇을 예상하든 정답은 없다는 것이고, 다른 하나는 교사 생활을 하는 전 생애에서 반드시 한번은 그 선택의 순간을 겪는다는 것이다. 어떤 면에서 교사는 아키텍트도 되었다가, 네오도 되는 이상한 매트릭스에 살고 있는지 모른다.

매트릭스 리로디드(The Matrix Reloaded, 2005)
감독 : 릴리 워쇼스키, 라나 워쇼스키
출연 : 키아누 리브스(네오 역), 로렌스 피시번(모피어스 역), 캐리 앤 모스(트리니티 역), 휴고 위빙(스미스 요원 역) 외

선생님이 너희들에게 마지막으로 부탁 하나 할게.

나중에 나이가 들어서 어른이 돼도 지금 가지고 있는

맑고 순수한 마음들 늘 간직하길 바라고,

비록 학교는 없어지지만 어딜 가든 너희들 마음속엔

항상 이 조그만 산내분교로 등교하길 바란다... 이상.

영화 〈선생 김봉두〉 중에서

가르침의 새로운 엔진을
얻기까지

 선생 김봉두

교사가 되기 전엔 가르치는 기법과 방법을 배운다. 정작 교사가 되면 가르치기는 하지만 가르치는 것의 의미를 되새기기까지 시간이 걸린다. 가르친다는 것은 무엇인가? 20년을 훌쩍 넘게 교사 생활을 하는 나도 무엇이라 딱 짚어 말하기 어렵다.

서울의 잘나가는 초등학교에서 근무하던 교사 김봉두는 촌지 사건으로 오지 시골 분교로 발령을 받는다.

봉두: 넌 라면이 그렇게 좋냐? 난 김치 없이 못 먹겠더만. 아무튼 다 먹고 설거지까지 하고 가.

소석: 선생님. 제 이름 아세요? 전 소석이래요. 양소석이요.

봉두: 근데 넌 점심시간에 집에 안 가? 엄마 어디 가셨어?

소석은 처음부터 김봉두 선생이 좋았다. 소석은 봉두에게서 집 나간 아버지의 모습을 대신하고 싶은지 모른다. 그러나 봉두는 아이들을 잘 가르칠 생각이 없다. 어떻게 하면 이 시골에서 시간을 잘 때울까, 고민할 뿐이다.

시골로 쫓겨 와 무기력한 삶을 살고 있는 김봉두에게 아이들은 따뜻한 시선을 거두지 않는다. 김봉두 선생이 서울과 다른 환경에서 자신들을 가르치는 것이 힘들 거라고 오히려 걱정해 준다. 순수한 아이들이 품고 있는 교사에 대한 애틋한 마음이 전해진다.

봉두: 소석이 너. 선생님에게 잘못한 것 있지? 일어나 종아리 걷어.

소석: 잘못했어요, 선생님요.

봉두: 누가 니 맘대로 학교 나오지 말라고 했어. 누가 그랬어. 누가 그런 못된 짓 하라고 했어.

소석: 선생님이 학교 떠나는 거 싫걸랑요. 엄마 때문에 서울도 못 가구요. 그냥 선생님이랑 학교 다니고 싶어요.

소석이 학교에 오지 않은 이유는 담임인 자신에게 줄 촌지를 마련하기 주기 위해서였다. 그저 선생님이 좋고, 친구가 좋은 소석이는 가정형편 탓에 이곳을 떠날 수가 없었다. 소석이 생각한 것이 촌지였다는 것에 화가 난 봉두는 소석을 회초리로 때린다. 그것은 자신을 질책하는 회초리다. 봉두가 드디어 진정한 선생이 되는 순간이다.

〈선생 김봉두〉는 지금의 관점에서 보면 이질감이 큰 영화다. 촌지와 영화 초반에 보여주는 무책임할 정도로 방임적인 김봉두 선생의 모습에서 교육자의 자질을 문제 삼을 수 있다. 하지만 거기에서 끝나면 이 영화에서 찾아야 할 진짜 보석을 찾지 못한다. 그 보석이 무엇인가? 바로 배우는 아이가 교사를 바라보는 시선이다. 그중에서 정말 교사를 좋아하는 시선이다.

배우는 것은 가르치는 것보다 어렵다. 가르치는 교사는 배워야 할 아이에 비해 유리하다. 교사는 가르칠 내용과 방법뿐 아니라 진행 과정 전체에 대한 주도권을 가지고 있다. 하지만 아이는 무엇을 어떻게 배워야 할지 모르는 상태로 배움에 임해야 한다. 교사는 가르칠 내용과 그것을 전개할 방법을 머릿속에 넣고 있다. 하지만 아이는 배울 것을 아직 모르기 때문에 먼저 두려움부터 생긴다. 그러기에 잘 가르치려면 아이가 교사에게 마음을 열어야 한다. 될 수 있으면 교사가 아이들에게 친절하게 대하려는 이유도 여기에 있다.

아이는 왜 교사가 자신에게 친철하게 대하는지 모른다. 하지만 교사의 친절함 자체를 좋아한다. 간혹 자신을 진짜 좋아하는지 간을 보는 아이도 있지만, 순수한 아이들은 교사의 존재 자체를 좋아하고 그 친절함을 더 좋아한다.

교사의 친절함은 가끔 상처로 돌아온다. 지도를 잘하기 위해 친절하게 안내할 뿐인데, 친절함만 원하고 배움의 의지가 없거나 오히려 교사의 친절함을 이용하는 아이를 경험한 교사는 더 이상 아이들 앞에 친절한 모습을 보이고 싶지 않다. 가식적으로라도 친절함을 보여

야 하나, 아니면 친절함을 멈추고 단호한 모습으로 유지해야 하나, 고민한다.

가르침에 친절함이 있다고 해도 넘지 말아야 할 선이 있다. 문제는 아이가 그것을 모를 때 생긴다. 알려줘도 무시하는 경험을 한 교사라면 더 이상 친절함을 보여주고 싶지 않다.

교사로 살면서 큰 상처가 나는 경험은 누구에게나 찾아오지만, 그것 못지않게 사소한 일에서 교사는 상처를 받는다. 예전에 한 후배 교사가 연구실에서 푸념을 늘어놓은 적이 있다. 급식 시간에 편식이 심한 아이가 있었는데, 유독 쿠키나 빵을 좋아했다. 격려 차원에서 급식 시간에 나온 쿠키나 빵이 있으면 나눠주곤 했는데, 어느 순간부터 물어보지 않고 쿠키와 빵을 가져간다는 것이다. 뭐라고 하면 그동안 쌓아 놨던 신뢰가 사라질까 걱정되고, 놔두자니 기분이 나쁜 것이다.

선생님을 좋아해서 그런 것이라고 여길 수 있지만, 실상 이걸 겪어보지 않으면 이 기분을 이해하기 어렵다. '뭐 저런 걸로 기분 나빠하나? 그냥 애잖아.' 이런 시선 때문에 속으로 감춘다. 그러면서 다짐한다. 친절함을 감추리라고, 더 친절하게 하지 않으리라고.

봉두는 소석이를 만나 자신 안에 있던 양심을 찾았다. 그것은 교사의 양심이다. 배우려는 아이들을 가르치고 지도하며 아이들과 일상을 함께 하겠다는 다짐을 실천하는 것이 교사의 양심이다. 소석이가 봉두를 가르친 것이 아니다. 소석이는 그저 그토록 좋아하던 김봉두 선생님과 함께 지내고 싶은 마음뿐이었다.

그렇다면 소석이는 왜 김봉두 선생님을 좋아했을까? 이유는 없다. 소석이는 아버지가 집을 나가서 김봉두 선생님을 아버지처럼 따랐다고 볼 수 있지만, 그것이 선생님을 저렇게 좋아하는 이유라고 여기기엔 뭔가 부족하다. 그렇다고 더 찾아봐도 이유는 찾기 어렵다. 아이가 교사를 좋아하는 것에 이유가 없다. 그런 아이가 있다.

나에겐 소석이 같은 아이가 있었는지 되돌아본다. 딱히 떠오르지 않는다. 왜 그럴까? 아주 오랜 시간 동안 수많은 아이와 함께했음에도 어떤 한 명의 아이가 떠오르지 않는 것은 수없이 많은 상황과 경험과 아이들이 모이고 모여서 내 안에 소석이가 생겼기 때문이다.

이 무슨 괴변인가?

1998년의 차승민과 2023년의 차승민은 같으면서도 다른 사람이다. 교사로서 역시 마찬가지다. 내가 아직 교직의 길을 걸어가고 있는 것은 전과 다른 교사의 모습을 하고 있기 때문이다. 곤충만 탈피를 하는 것이 아니다. 아무리 교사를 직업인 그 이상으로 여기지 않는다고 해도 가르치는 일은 단순히 지식을 전달하고 확인하며 평가하는 일에 그치지 않는다. 그 과정에서 아이들과 교감이 일어난다. 교감은 일방적인 것이 아니다. 교사는 아이를 가르치는 데 주도권을 가지고 있지만, 친절이란 포장에 담아 제시하고 단계와 과정을 잘 따르도록 유도한다. 아이는 교사의 가르침을 온몸으로 거부하다가도 다시 온몸으로 받아들이기도 한다. 교사의 가르침에 아이가 성장하지만, 그에 못지않게 아이의 태도를 보며 교사는 가르침의 기술이 아닌 아이의 마음을 접하며 교사 자신에게 있는 벽을 허문다. 그런 과정을 거치며 아이뿐 아니라 교사도 변하고 성장한다. 있는 그 자체로 좋아하고 믿어주는 아이의 마음을 읽을 수 있을 때, 교사는 진정한 가르침의 엔진이 켜진다.

자동차에 비유해 보면, 가르치는 일은 에너지가 많이 필요하다. 가르치기 위해 쓸 에너지를 쌓기 위해 많은 노력과 준비를 하지만, 자동차의 가득 채운 연료통도 언제가는 바닥이 나 채워야 하듯이 가르침의 에너지도 채워야 할 순간이 온다. 가르치는 것은 연비가 낮은 활동이다. 가성비는 더욱더 떨어지는 일이다. 거기다가 제때 연료를 채워두지 않으면 곧 바닥난다. 연료가 바닥나면 자동차는 움직이지 않듯, 교사의 에너지가 바닥나면 가르침은 이뤄지지 않는다.

대가 없이 있는 그 자체로 교사를 바라보는 아이들이 눈에 들어오는 순간, 가르침의 엔진과 연료가 바뀐다. 연료가 많아야, 연료의 효율이 높아야 엔진이 잘 작동하는 물리법칙을 위배하는 일이 벌어진다. 교사가 일방적으로 에너지를 쓴다고 해서 아이들이 성장하고 변하는 것은 아니다. 가르치고 배우는 과정에서 교사가 먼저 아이에게 에너지를 쓴다. 교사의 에너지를 아이는 배움의 과정에 쓴다. 배움의 과정은 효과가 금방 나타나지 않는다. 효과가 나타나지 않아도 교사는 계속 에너지를 쓴다. 아이의 성장은 나타나지 않을 것 같은 순간에 나타난다. 이 순간 교사가 쓴 에너지보다 더 큰 에너지가 성장한 아이를 통해 교사에게 전달된다. 아이의 성장은 교사에게 새로운 연료가 된다. 더불어 아이에게서 새로운 가르침의 엔진을 얻는다. 아이들의 선한 눈과 마음이 성장으로 연결되어 생긴 연료를 받을 준비가 된 교사에게 새로운 엔진이 생긴다.

교사가 가르침에 새로운 엔진이 장착되는 순간, 이전과 다른 능력이 생긴다. 그것은 교육과정을 분석하고 설계하며 수업을 잘하기 위해 노력하던 모습에서 조금 더 발전된 형태다. 물론, 이런 것은 교사 본연의 할 일이라 엔진이 바뀐다고 가르침의 본질이 바뀌는 것은 아니다.

소형차든 대형차든 액셀러레이터를 밟으면 엔진은 움직이고 속력은 올라간다. 하지만 대형차일수록 부드럽게 속력을 올리고 유지한다. 새로운 가르침의 엔진을 장착했다는 것은 아이의 마음을 읽고 이해하며 그것을 중심으로 아이와 함께 할 수 있음을 의미한다. 소형차와 달리 높은 출력과 배기량을 가진 대형차가 부드러운 주행을 하듯, 새로운 엔진을 장착한 교사의 시선은 이전보다 훨씬 더 부드럽지만 폭넓게 아이를 바라볼 수 있다.

선생 김봉두(Teacher Mr. Kim, 2003)
감독 : 장규성
출연 : 차승원(선생 김봉두 역), 변희봉(최 노인 역), 성지루(학교 소사 춘식 역), 이재응(양소석 역) 외

가르치는 것이 무엇인지 알게 되는
터닝의 순간이 오면

 꽃피는 봄이 오면

교향악단 연주자를 꿈꾸던 현우는 현실의 높은 벽을 실감하며 인생을 포기하려 한다. 연주자로 살고 싶었던 현우는 오디션을 볼 때마다 탈락하고 사랑하는 연인과도 멀어져 될 대로 되란 심정으로 살아간다. 그러던 중 강원도 산골 중학교에 임시 교사로 와서 관악부를 맡아달라는 제의를 받는다. 실의에 빠진 얼치기 음악 교사 현우가 오히려 음악의 열정을 놓지 않는 아이들을 보며 자신을 돌아보고 가르치는 것과 삶의 의미를 다시 부여잡는다.

현우: 음악 왜 하냐? 음악 왜 하냐고?
용석: 유명해질 거예요. 케니 지처럼.
현우: 폼 잡지마. 음악은 폼으로 하는 게 아니야.

현우는 트럼펫 연주자를 꿈꾸지만, 현실은 녹록지 않다. 음악가로 순수하게 살아보려 하지만, 경제적이고 현실적인 문제에 봉착해 임시 교사로 간다. 열악한 학교 여건, 낡은 악기와 부족한 아이들의 실력을 보고 난 현우의 마음은 더 이상 떨어질 것도 없다.

"음악 왜 하니?"

영화 내내 현우가 내뱉는 화두다. 관악부 학생들에게 하는 이 말은 사실 자신에게 하는 말이다. "음악은 폼 잡으려고 하는 것이 아니다" 색소폰을 연주하는 용석에게 해주는 말이지만, 꿈이 좌절된 현우 자신에게도 필요한 말은 아니었을까? 사실 현우는 누구보다 교향악단 단원이 되고 싶었다. 현우에게 교향악단 단원이 된다는 것은 연주자로서 인정받는 것이다. 또 더 성장해서 단독 공연이나 오케스트라 협연의 실력을 갖춘 프로 연주자가 되고 싶었을 것이다. 누구보다 음악가로 인정받고, 누구보다 유명해지고 싶었던 현우는 세상에 자신을 드러내며 폼 잡고 싶었다. 하지만 폼은 실력 위에서 발현되는 것이지, 폼 흉내 낸다고 실력이 생기지 않는다는 것을 현우도 알고 있다. 현우도 못 잡는 폼을 중학생 용석이가 하려고 하니 어이가 없던 것이다.

현우: 너희들 대회 나가고 싶어? 우승하려고?
명호: 연주하고 싶어서요.

용석은 아버지의 반대로 관악부를 더 이상 할 수 없게 되었고, 그래서 대회에 나가지 못해 우울해진 아이들은 신나는 곡으로 스트레스를 풀고 있었다. 현우가 보기에 용석이는 아직 폼만 잡는 풋내기 연주자지만, 관악부에서 그나마 가장 실력이 좋은 학생이었다. 그 실력도 현우가 보기엔 많이 다듬어야 한다. 하지만 용석이는 실력 있는 어른에게 제대로 배우지 못했다. 아니 자신을 믿어주고 지지해 주는 어른을 만나지 못했다. 특히, 아버지의 반대가 심했다. 경제적으로 어려운 용석이네 집에서는 미래가 불투명한 음악에 열중하는 용석이를 이해하고 지지해 줄 여력이 없었다. 마음의 상처를 가진 용석이는 가슴에 화가 차 있다. 화가 차 있는 용석이는 자신의 화를 어디서 어떻게 풀어야 하는지 모른다. 그저 이런 현실에 화갈 날 뿐이다.

연주하고 싶어서요.

용석이가 관악부에 나오지 않자, 나머지 아이들은 실의에 빠진다. 좋든 싫든 용석이의 존재는 관악부에서 상당했다. 나머지 아이들은 실력과 상관없이 음악 그 자체가 좋았다. 그래서 아무도 인정해 주지 않지만 관악부에 남은 것이다
현우는 가슴속 깊은 곳에 남아 있었던 열정의 불씨를 살려낸다. 음악 그 자체를 좋아하고 포기하지 않는 아이들을 보며 연주자에게 꿈은 성공이 아닌 연주 그 자체란 사실을 현우는 깨닫는다. 그렇게 학생들은 우승이 아닌 연주를 위해 연습을 한다.

교실에서 용석이 같은 아이를 쉽게 만난다. 26년의 교직 생활 중

난 수없이 많은 용석이를 만났다. 혈기가 왕성할 땐 용석이 같은 아이는 용서하지 않았다. 어떻게 해서든 삐뚤어진 말과 행동을 고치려 했다. 특히, 자질이 보이는데 태만과 경솔함의 불손한 태도를 보이는 아이들은 더욱더 가혹하게 다그쳤다. 그것이 선생이 해야 할 일이라고 생각했다.

그런 과정에서 수없이 많은 충돌이 있었고, 항의하러 온 부모도 숱하게 많았다. 그땐 내가 잘하는 것이라 여겼다. 물론, 이건 교사가 해야 할 정당한 행위다. 되바라진 말과 행동을 하는 아이를 그냥 보고 넘긴다면 교사의 일을 하지 않는 것이다. 교사로서 잘못된 일을 하지 않는데 더 되바라지게 하는 아이와 그걸 항의하는 부모에게 많은 상처를 받았다. 잘못은 그들에게 있고 난 잘못이 없다고 여겼다. 내가 폼을 잡고 있다는 사실을 알기 전까진 말이다.

그렇다. 난 폼을 잡고 있었다. 무슨 폼을 잡았는가? 잘못을 바로잡아야 한다고 여겨 눈에 보이는 말과 행동에 집중해 교정하려고 했다. 교사로서 당연히 해야 할 정당성 있는 행동이라 여겼다. 스스로 잘한다고 여겼다. 가끔 반항하고 대드는 아이가 있다면 용서할 수 없었다. 그리곤 폼을 잡았다. 마치 성인군자라도 된 듯, 내가 아니면 안 된다는 객기와 만용을 부렸다. 객기와 만용은 교사로서 해서는 안 되는 말과 행동을 하고 있다는 사실을 눈치채지 못하게 했다.

"폼 잡지 마라."

현우가 유명 연주자가 못된 이유는 실력이 부족해서이기도 하지만, 실력에서 나오는 폼이 아닌 겉멋만 부렸기 때문이다. 현우 자신의 실력 없음을 인정하지 않았다. 세상이 자신을 보는 눈이 부족해서라 여겼다. 그래서 실제 자신이 어떤 모습인지 보려 하지 않았고, 자신의 실체가 하찮음을 눈치채기라도 하면 불같이 화를 내거나, 그도 아니면 도망갔다.

교사이기 이전에 한 인간으로서 성장하는 데는 필연적으로 거치게 되는 과정이 있다. 그것은 인생의 바닥으로 추락하는 것이다. 어디로 어떻게 얼마만큼 추락하는지 알 수 없다. 예상하지 못할 만큼 어렵고 힘들 수도 있고, 참혹할 수도 있다. 그러나 오롯이 스스로 감내해야 한다. 그 과정을 거치고 나야 비로소 이전과 다른 나를 만난다. 자신의 바닥이 어딘지 확인하고 밟고 나야 다음 단계로 갈 수 있다. 특히, 교사는 이 과정을 거쳐야 가르치는 아이를 제대로 볼 수 있다.

현우와 나의 초임 때나 별반 다르지 않다. '나도 저랬었지' 하는 마음에 애착이 간다. 그렇다면, 지금의 나는 용석이 같은 아이를 만나면 어떻게 하는가?

삐뚤어진 말과 행동이 교사인 나를 향하는지, 아닌지부터 파악한다. 세월이 지나고, 경력이 쌓이다 보면 좋은 점이 있다. 교사에게 함부로 하고 막 나가는 아이도 폭발한 순간이 지나 평정심을 되찾았을 때 물어보면 교사에게 악감정이 있어서 그런 것이 아닐 경우가 많다. 미성숙한 아이는 감정 통제를 못하면 화부터 낸다. 아이는 자기를 보호하기 위해 화를 낸 것이다. 화가 난 아이가 던진 되바라진 말과 행동을 곧이곧대로 듣고 보면 교사도 화가 나지만, 이젠 그걸 큰 파도라고 생각한다. 아이가 파도를 칠 땐 교사는 잠시 멈춰야 된다는 것도 안다. 잔잔해질 때까지 기다릴 여유가 생긴다. 파도가 사라지고 잔잔해진 후에 아이의 진짜 모습을 볼 수 있다.

연주를 하고 싶다는 명오의 바람은 섹소폰을 잘 부르고 싶다는 용석이의 바람과 다르지 않다. 잘하지 못한다는 것은 명오도, 용석이도, 그걸 지도하는 현우도 알고 있다. 해서 안 될 일은 안 하는 것이 더 낫다는 걸 아이도 교사도 알고 있다. 그런데도 연주를 하고 싶다. 이들에게 연주는 어떤 의미일까? 연주는 이들에게 즐거움이었고, 그 자체가 의미였다.

수업은 늘 의미 있는 것을 가르치고, 배운다. 그러나 좋은 것만 가르친다고 해서 좋은 것이 그대로 아이들에게 체득되는 것은 아니다. 물론, 그럴 가능성이 크다. 하지만 안 좋은 것은 가르치지 않아도 배우지만, 좋은 것은 가르치고 가르쳐서 몸에 배게 해야 조금의 변화가 생긴다. 전자는 아이가 배우는 욕설의 예이고, 후자는 아이가 갖춰야 할 바른 태도의 예다. 가르치고 배운다고 다 되지 않는다는 것을 여러 번 경험하면 교사보다는 아이가 먼저 시도를 멈춘다.

가르침에도 에너지가 필요하듯, 배움에도 에너지가 필요하다. 배움에서 성취와 성과가 나오면 다음 배울 때 에너지가 생기지만, 성취가 없는 배움에는 다음 배움의 에너지가 생기지 않고 다른 종류의 에너지가 생긴다. 그건 바로 반항의 에너지다. 아이의 반항은 자신이 못난 사람이 아님을 증명하려는 몸부림이다.

성취와 성과가 없는 아이가 가진 반항이란 에너지를 만난 교사는 크게 할 것이 없다. 큰 파도가 오면 멈춰야 하듯, 이 순간도 마찬가지다. 대신 성취하고 성과를 이룬 것이 아니라, 정말 즐거웠고 행복했던 기억이 무엇인지 물어본다. 거기서 힌트를 찾는다. 즐거움에 몰입해서 시간이 가는 줄도, 배고픈 줄도 모르고 빠져든 경험이라면 더 좋다. 물론, 이런 경험이 없을 수도 있다. 하지만 찾아야 한다. 반항의 에너지를 쓰면서 파도를 일으키는 순간 가장 힘든 것은 아이다. 예전에는 몰랐지만, 반항이 크면 클수록 아이의 마음속에 잘하고 싶다는 욕망도 크다는 사실을 알았다.

현우: 용석이의 꿈을 이룰 수 있게 도와주시죠.

용석부: 꿈. 오랜만에 들어보네요. 근데 꿈꾼다고 다 이뤄집디까? 선생은 결혼하셨소?

현우: 아직 안 했습니다.

용석부: (쓴 웃음을 지으며) 결혼해서 나중에 애 낳아보면 내 마음 알 거요. 우리 애는 보내지 않을 거요. 미안해서 그러니 이 술이나 한잔 하고 가시오.

현우는 탄광에서 일하는 용석의 아버지를 찾아간다. 아버지를 설득해 용석을 관악부로 데려오려 한다. 현우는 용석의 아버지와 대화하고 난 후 겉멋만 잔뜩 들어 허세만 부리는 것 같은 용석을 다시 본다. 저물어가는 탄광촌에서 일하는 용석의 아버지는 더 이상 용석을 관악부에 보내지 않으려 한다.

아이의 꿈을 꺾지 말자는 현우의 말에 용석의 아버지는 너털웃음을 지으며 거부한다. 이 순간이었을까? 용석의 가정사를 통해 현우는 자신의 삶을 돌아본다. 용석을 지원해 줄 수 없는 아버지의 처지도 이해되고, 어린 용석이 현실을 인정하기가 괴로워 허세를 부린 것도 이해된다. 그 속에서 현우는 자신이 왜 음악을 해야 하고, 왜 가망이 없는 밴드부를 지도해야 하는지 그 이유를 찾는다. 자신의 분야에서 독보적인 존재도 아니고, 그렇다고 음악적 성과나 성취를 인정받은 적도 없는 현우는 자신의 실력이나 현실을 인정하기보다 도망가고 변명하며 스스로 속이고 있었다.

가르침은 잘하는 선생이 못하는 아이를 이끄는 것도 있지만, 힘겨워하는 아이에게 먼저 그 힘듦을 겪어본 어른이 손을 내미는 것도 가치가 있다는 것을. 설령 내민 손을 잡은 아이와 함께한다고 해서 성공과 성취가 보장되지는 않지만, 어른이 먼저 손을 내밀어야 한다는 것을. 그것이 힘듦을 먼저 겪은 어른이 해야 할 가장 어른스러운 가르침이란 것을 현우는 받아들인다.

용석이와 현우는 손을 잡는다. 용석이는 현우가 믿음직해서 손을 잡은 것일까? 자신을 구원해 줄 참스승이란 믿음이 생겨서일까? 용석이 현우와 손을 잡은 것은 현우 역시 자신과 다르지 않음을 알았기 때문이다. 어른으로서, 선생으로서 멋진 모습이 아닌 인간 그 자체로서 다가왔기 때문에 용석은 마음의 문을 열었다. 탄광에서 일하는 아버지를 설득하지 못했지만, 용석이에겐 용기를 주기엔 충분했다.

현우와 용석이 손을 잡은 순간만큼은 교사와 아이의 관계가 아닌 함께 뭔가를 해본다는 그것 자체에 방점이 찍힌다. 이들이 잘하고 싶고, 잘할 수 있는 것은 연주다.

막장에서 일하고 돌아오는 용석의 아버지를 위해 관악부는 비 내리는 갱도 입구에서 작은 연주회를 한다. 꿈을 잊어버린 현우도, 연주가 절실한 관악부 학생들도 이날만큼은 최고의 연주자다. 현우의 자신감 있는 표정의 지휘에 '위풍당당 행진곡'은 우렁차게 연주되고 용석의 연주를 바라보는 아버지의 입가에도 미소가 번진다. 그렇게 현우는 가르치는 자의 열정을 찾는다.

현우는 인생의 바닥을 찍었다. 그 어둠 속에서 옹졸하고 웅크리고 겁먹은 자신을 봤다. 현우가 헤맨 바닥의 어둠 속에서 빛을 밝혀준 것은 용석이와 관악부 아이들이다. 현우는 바닥에서 아이들에게 용기를 얻고, 아이들은 그런 현우를 보며 힘을 얻는다.

가르치는 자로서 현우는 터닝을 한다. 무엇을 가르치고 어떻게 가르쳐야 하는 것이 아니라 어떤 마음으로 아이를 대해야 하는지 느낀다. 있는 그대로 아이의 모습을 보는 것은 있는 그대로의 자기 모습을 보는 것이다. 가장 초라하고 별볼일없을 것 같은 그 순간에서 터닝한다. 폼을 잡는 것이 아니라 그 순간부터 제대로 된 폼이 난다. 부끄럽지만 후련한, 할 수 있는 것이 없지만 자신 있는, 이유도 논리도 부족하지만 가슴 깊은 곳에서 올라오는 무언가를 느낀다.

비 내리는 탄광의 갱도 입구에 선 밴드부 앞에서 가장 멋있고 힘 있는 지휘를 펼치는 현우의 표정은 이렇게 말하는 듯하다.

'그래 살아보는 거야.'

'지금 우리가 할 수 있는 일을 하는 거야.'

'할 수 있는 건 해보는 거야.'

살아가는 것이 얼마나 어려운지 현우는 안다. 살아간다는 것의 무게가 얼마나 버거운지 매번 느낀다. 살아가는 것이 힘들고 어렵다는 것은 아이들도 어렴풋 느낀다. 아이들은 부모의 모습을 보며 삶이 녹록지 않다는 것을 안다. 하지만 받아들이기엔 아직 어리다.

현우와 관악부 아이들은 서로 용기를 주고 희망을 키운다. 현실이 시궁창이고 다가올 미래가 암담할지라도 주저앉아 아무것도 하지 않는다면 살아있는 이유를 찾지 못한다는 것을 서로 배웠다.

지금 할 수 있는 것을 찾았다. 현우에겐 관악부 아이들을 지휘하는 것이고, 아이들은 연주하는 것이다. 현우와 아이들은 세상 앞에 위풍당당하게 삶을 살아갈 것이라고 외친다.

꽃피는 봄이 오면(Springtime, 2004)

감독 : 류장하

출연 : 최민식(현우 역), 김동영(용석 역), 최일화(용석 아버지 역) 외

신사 없이는
시민도 없다

 코치 카터

엉망이 된 모교의 농구팀을 맡아 반항적이고 제멋대로인 선수들을
지도하는 카터 코치의 이야기를 담은 〈코치 카터〉는 교육의 관점에
서도 매우 흥미로운 지점을 다루고 있다. 실력이 부족한 농구팀을 영
웅적인 지도자가 조련하여 우승시킨다는 도식적인 내용이 아니다.
오히려 가르치고 배우는 과정에 바탕이 되는 교육의 기반과 철학이
스며있다.

크루즈: 선생이 학생한테 이래도 되는 거예요?
카터: 난 선생이 아니거든. 난 너의 코치야.

70년대 리치먼드 고교의 농구 스타였던 카터가 코치로 부임한다.

그가 선수들에게 요구하는 것은 학생으로서의 본분과 코치인 자신의 지도를 절대적으로 믿고 따르는 것이다. 카터 코치는 선수로 성공하기 전에 먼저 인간의 품성을 학업성적으로 보여줄 것을 요구한다. 천방지축으로 날뛰던 선수들은 카터 코치의 제안에 콧방귀를 뀌고 심지어 팀의 간판인 크루즈와 웜은 팀을 이탈한다.

카터는 팀원들에게 학생으로서 권리를 주장하기 전에 심판과 지도자에게 존경심을 가져야 한다는 신념을 가지고 있다. 이건 스포츠맨십을 강조하는 카터로서는 당연한 입장이다. 카터의 지도를 수용하는 나머지 팀원들에겐 경기 기술보다 강인한 체력을 먼저 길러야 한다고 가르친다.

카터: 크루즈 군. 열심히 했지만 기준에 부족해. 약속대로 체육관에서 나가 주겠나?
라일리: 코치님은 우리가 한 팀이라고 하셨죠? 한 명이라도 문제가 있다면 그건 우리 모두의 문제입니다. 한 명이라도 성공한다면 우리 모두 성공한 겁니다. 제가 하겠습니다.

우여곡절 끝에 팀은 첫 승리를 하고 이탈했던 크루즈는 다시 복귀하길 원한다. 자만심에 찼던 크루즈는 자신이 없이도 팀워크를 유지하며 발전한 모습을 보며 용서를 구하고 팀에 합류하려 한다. 그러나 카터 코치는 크루즈의 복귀를 쉽게 허용하지 않는다. 그동안 하지 못한 체력 훈련을 모두 소화하라고 한다. 심지어 그 제안은 시간 안에 해결할 수 없는 것이다. 그러나 크루즈는 묵묵히 체력 훈련을 시작한다. 거기다 한술 더 떠서 카터는 크루즈에게 포기를 종용한다. 크루즈의 인내심과 하고자 하는 욕망, 투쟁심이 어디까지인지 확인한다. 카터 코치가 진정으로 바란 것은 모든 팀원이 팀을 중심으로 하나가 되는 것이다.

> 교장: 당장 체육관의 문을 여세요. 학부모들의 항의가 끊이질 않아요.
> 카터: 아이들은 농구 못지않게 성적도 올려야 합니다. 그것이 약속이죠.
> 교장: 당신의 의도는 좋았지만, 지나치게 극단적인 방법이에요.

연전연승으로 승리감에 도취되어 있을 때도 카터 코치는 흥분을 자제하고 팀원들의 학업성적을 점검한다. 카터 코치는 팀원들의 성적에 대한 최소한의 기준을 줬다. 이것은 타협의 대상이 아니었다. 그러나 선수들의 성적은 모두 낙제점이다.

카터는 학업성적이 오르기 전까지 체육관을 폐쇄하고 경기도 불참하겠다고 선언한다. 이에 학부모들과 학교는 난리가 났고 급기야 청문회가 열린다. 카터는 청문회에서 왜 선수들에게 학업을 강조하는지 이유를 설명한다. 자기 삶을 책임질 수 있는 기본 소양이 없다면, 아무리 농구 실력이 좋아도 불행한 인생을 살아간다는 것을 너무나 잘 알기 때문이다. 사실 코치를 맡지 않아도 생업을 유지할 수 있고, 과거 유명 선수로 명예도 있던 카터가 힘든 코치를 맡은 이유가 여기에 있다. 더 이상 어린 학생들이 기본 소양의 부재로 인생을 망치는 것을 볼 수 없었던 것이다.

저희들은 못났다고 부족하다고 해서 두려워하지 않습니다. 이젠 그 두려움이 자신감으로 바뀌었습니다. 코치님과 같이 있을 땐 무엇도 두렵지 않습니다. 저희는 이제 당당할 수 있습니다. 코치님께 고맙다고 말하고 싶습니다. 제 인생을 바꿔주셨습니다.

청문회에서 권고사직을 당한 카터 코치가 학교를 떠나기 전에 마지막으로 체육관을 찾았을 때 선수들은 모두 공부를 하고 있었다. 선수들은 왜 카터 코치가 그토록 자신들에게 운동만큼이나 공부를 강조했는지 깨달았다. 크루즈가 대표로 카터 코치에게 전하는 감사의 표현에 가슴이 뭉클해진다.

자, 선수 여러분. 난 자네들이 자랑스럽다. 내가 처음 리치몬드 코치가 되었을 때 꿈이 있었다. 내 꿈은 자네들에게 농구를 가르치고 학생의 본분을 찾게 하는 것이었다. 그런데 난 자네들의 선생이 되었고, 너희들은 남자(신사)가 되었다. 이것이 고마울 따름이다.

실화라는 것을 알지 못했다면, 영화 〈코치 카터〉는 현실 세계에선 일어나기 어려운 판타지라 여겼을 것이다. 물론, 현실의 카터 코치와 선수들이 보여준 성과는 그 자체가 판타지처럼 비현실적이다. 하지만 카터 코치는 왜 처절하게 가르치고 선수들은 고통스럽게 배우는

지 근본적인 이유에 대한 생각할거리가 있다.

이 영화에서 눈여겨봐야 할 것은 카터가 코치와 선생을 명확히 구분한다는 것이다. 이것은 스포츠를 가르치는 코치와 교육을 담당하는 교사의 차이라고 볼 수 있다. 코치와 교사는 어떤 차이가 있는가? 코치는 스포츠맨십을 지향하고 교사는 민주시민을 지향한다.

스포츠맨십은 경기자가 지녀야 할 바람직한 정신 자세를 말한다. 스포츠맨십의 뿌리는 중세의 유럽 기사도에서 찾는다. 기사는 양성되었다. 본디 용맹하긴 하나 포악한 성정을 주체할 수 없으면 전투에서 이길 수 없기에 체력과 무예 못지않게 교양과 미덕을 가르쳤고, 이것은 젠틀맨, 즉 신사교육의 기반이 된다.

이것은 현대에도 계승되었고, 국제올림픽위원회(IOC)가 권장하는 스포츠맨십에 따르면, 경기에 최선을 다하고, 규칙과 심판의 판정에 따라야 하며, 사회적 예의를 지키고 상대편의 뛰어난 점을 인정해야 한다. 또 상대를 배려하고, 무례를 범해서는 안 되며, 패배자를 깔봐서도 안 되고 승리를 위해서만 경기해서도 안 된다. 즉 자신을 관리하고 조절하여 경기력을 높이고, 경기의 규칙을 지키고 판정에 승복하며 정정당당하게 승부하되 결과에 승복하며 승리에 도취되지 말라는 뜻을 담고 있다.

스포츠맨십을 고취하기 위해 조력하는 코치는 교사에 비해 엄청난 권한을 가진다. 경기를 할 준비가 덜 된 상태에서는 무엇도 할 수 없기에 코치는 선수에게 강력한 지도력을 발휘할 권한이 있고, 선수 역시 자신의 실력을 높이고 팀의 일원으로 자격을 갖추기 위한 노력을 해야 하기에 전적으로 코치를 따라야 한다.

그렇다면 스포츠맨의 지향점인 신사와 현재 공교육이 지향하는 시민은 어떤 차이가 있는가? 차이를 알기 위해선 공통점부터 먼저 알아야 한다. 태도의 측면에서는 상당 부분 신사교육은 시민교육과 유사성을 가진다.

우리나라 공교육의 목표는 바람직한 민주시민의 기초와 기본 자질 양성을 중심에 두고 있다. 특히, 태도의 측면인 기본 자질의 경우 사회정서학습(SEL)에서 중요하게 생각하는 자기인식(Self-Awareness), 자기 관리(Self-Management), 사회적 인식(Social Awareness), 책임감 있는 의사결정(Responsible Decision Making), 관계기술(Relationship Skills)은 신사교육에서나 시민교육에서나 그 중요성은 같다. 신사든 시민이든 태도를 형성하기 위해선 인내와 노력을 통해 단련해야 한다.

그럼, 무엇이 다른가? 신사와 달리 시민은 역사적으로 투쟁을 통해 쟁취한 것이기 때문에 부당한 권력에 저항한다는 점에서 차이가 난다. 이런 저항권은 현대 민주주의 국가에서는 시민의 정치적인 의사를 표현하는 투표권을 비롯한 정치적 의사표현의 자유를 행사하는 권리로 나타난다.

신사는 지·덕·체를 겸비한 건전한 인격을 형성하고 사회질서와 안정에 기여할 수 있는 사람을 뜻한다. 이런 신사의 육성을 목표로하는 신사교육은 사회 질서와 규율을 준수하는 구성원이 되도록 가르치는 것이다. 반면, 시민은 주권을 가진 자로서 민주시민은 주권자로서 그 역할을 실천하고, 민주주의 정치체제 속에 살면서 의사결정에 적극적으로 참여하며, 개인의 권리를 향유함과 아울러 국가에 대한 의무와 책임을 질 수 있는 사람을 의미한다. 즉 민주주의를 수호하기 위한 저항권이 있느냐 없느냐에 따라 시민과 신사의 차이가 생긴다.

코치에서 선생으로 역할이 변한 카터의 모습은 지금의 교사가 무엇을 좀 더 힘주어 가르쳐야 하는지 시사점을 준다. 카터는 농구 기술을 가르치는 코치이기 전에 신사를 가르치는 교관의 역할을 먼저 한다. 크루즈를 비롯한 선수들이 카터의 존재를 의심하고 부정했던 표면적인 이유는 강압적인 지도 방법 때문이지만 실제론 다르다. 시민이 되기 위해 공부하는 학생은 아직 시민은 아니다. 시민 이전에 신사의 자격을 가져야 하고 그러기 위해 지도를 받아야 한다. 하지만 시민으로 가지는 저항권을, 가르치는 카터에게 썼다. 카터는 이 부분을 짚었고, 지도자의 권한으로 아직 신사의 자격조차 갖추지 못한 선수들의 저항을 굴복시켰다.

카터의 지도와 선수들의 수용에 접점을 이룬 것은 승리라는 공통의 목표였다. 경기에 승리하기 위해선 단련이 필요하고 그 과정을 누구보다 잘 진행할 코치를 믿고 따를 것을 카터는 요구했고, 선수들은 저항했지만 결국 수용했다. 결국, 카터의 지도 방식이 옳았음을 경기 결과로 증명했다. 다른 방식이 아닌 체육, 즉 실제 몸을 움직여 익혀야 하는 스포츠로 신사교육을 증명한 카터의 모습은 신사교육과 시민교육을 어떻게 연결하고 조화를 이뤄야 하는지 보여준다.

난 초등체육 전공자로 함께 몸으로 뒹굴며 움직임과 체육 활동 그리고 경기를 통해 아이들이 성장하는 것을 지켜봤다. 지적 자극과 활동을 통한 성장도 있다. 하지만 그에 못지않게 신체 활동을 통한 성장은 신체 자체의 자극을 통해 아이 스스로 몸이 반응하는 것을 경험하기 때문에 그 가치가 남다르다. 하지만 시간이 지나면서 난 체육 활동을 마음껏 할 수 없게 되었다.

나이가 들고 체력이 떨어져 예전보다 몸으로 시범을 보이는 것이 힘들다. 하지만 예전보다 아이들을 바라보는 시선은 더 정교해졌기에 어떻게 하면 잘 달릴 수 있는지, 어떻게 하면 최대한의 힘을 발휘하는지, 어떻게 하면 공을 잘 다루고, 도구와 몸을 움직여 표현할 때 무엇을 어떻게 해야 하는지 풀어서 아이 개개인의 특성을 파악하여 전달하는 능력이 생겼다. 아이는 나의 전달을 듣고 몸동작을 변화시켜 스스로 실력이 높아짐을 느낄 때 생기는 변화를 체험한다. 다른 과목과 달리 실제적이고 즉각적인 몸의 변화를 경험하는 특별함을 느낀다.

그렇다고 해서 카터 코치처럼 강압적으로 몰아칠 수는 없다. 그러나 왜 그렇게 몰아치려고 했는지 살펴보고 그 의미를 찾지 않는다면, 신체 단련을 하기 싫어하는 아이들을 제대로 지도하기 어렵다. 다소 고통스러운 신체 단련을 아이가 받아들여야 몸의 변화를 기대할 수 있다. 몸의 변화는 단순히 신체능력을 향상시키고 경기에 이기는 바탕의 역할만 하는 것이 아니다. 그 과정에서 가르치는 지도자를 믿고, 따르며 그 결과가 자신의 성장을 돕는다는 것을 배운다. 그렇게 신사가 된다. 자신을 조절할 수 있는 신사의 자질을 갖추고 난 이후 비로소 저항권을 바르게 행사할 수 있다. 그러기에 신사교육을 거치지 않고 바람직한 민주시민 교육을 하는 것은 어렵다. 신사 없이는 시민도 없다.

코치 카터(Coach Carter, 2005)

감독 : 토머스 카터

출연 : 사무엘 L. 잭슨(코치 켄 카터 역), 로버트 리카드(다미엔 카터 역), 롭 브라운(케뇬 스톤 역), 아샨티(카이라 역) 외

난 자네들의 선생이 되었고,

너희들은 남자(신사)가 되었다.

이것이 고마울 따름이다.

영화 〈코치 카터〉 중에서

강하게 압박할 것인가
부드럽게 타이를 것인가

 리멤버 타이탄

1970년도 미국 버지니아주에서는 극심한 흑백 갈등을 해결하기 위해 두 학교의 미식축구팀을 하나로 만들어 인종 화합을 추구한다. 영화 〈리멤버 타이탄〉은 극심한 내홍을 겪으며 하나의 팀으로 거듭나 경기에 승리를 거두며 화합의 결과를 보여주는 감동적인 이야기를 다룬다. 이상과 현실은 다른 법, 실화의 내용을 담아 현실성이 높은 이 영화는 인종 화합이라는 큰 가치를 세우고 지키기 위해 지도자는 어떻게 해야 하고 어떤 갈등이 있는지 매우 사실적으로 보여준다. 특히, 전혀 다른 성격의 지도자인 허먼과 요스트를 통해 강하게 압박하는 것과 부드럽게 타이르는 것의 차이가 무엇인지, 그것이 교육에는 어떻게 적용할 수 있을지 생각해 보게 한다.

허먼: 난 수석코치로서 자격이 있다고 생각합니다.

요스트: 내가 걱정하는 것은 애들입니다.

허먼: 내가 그들을 잡아먹을까 봐요? 실력 있는 선수는 인종과 상관없이 출전합니다.

요스트: 나도 그렇게 되길 바랍니다.

허먼: 이 도시가 폭발하지 않도록 당신이 코칭스태프에 계속 남아주셔야 합니다.

요스트: 내가 당신 밑에서 일해야 한단 말입니까?

윌리엄스 고교의 타이탄 팀은 코치 역시 흑백을 가리지 않고 한 팀으로 묶는다. 갑자기 두 팀을 한 팀으로 묶었으니 코치진의 반은 탈락한다. 더 중요한 것은 감독의 역할을 하는 수석코치가 두 명이란 점이다. 다른 코치들과 달리 각 팀의 수석코치는 모두 남는다. 대신 서열을 정해 직위에 대한 경계를 분명히 한다. 백인학교의 수석코치였던 요스트를 수비코치로 하고 흑인학교 수석코치였던 허먼을 공격코치로 결정한다. 허먼이 공격코치이자 수석코치를 담당하게 되자 선수들보다 코치진들이 먼저 동요하지만, 허먼은 강력한 카리스마를 앞세워 백인 코치들의 원성을 제압해 버린다.

이것은 민주정치가 아니다. 독재정치다. 내가 법이다. 살아남으려면 팀과 하나가 돼라.

허먼은 선수들에겐 자신은 독재자라고 못을 박는다. 지도자가 어떻게 저럴 수 있을까 싶을 정도로 허먼은 선수들의 반발을 허용하지 않고, 수석코치인 자기 말에 절대복종하게 만든다. 그것이 팀을 하나로 만들고 승리하는 데 가장 중요한 것이라고 믿기 때문이다.

물은 겁쟁이에게나 필요하다. 물은 너희를 약하게 만든다. 물은 유니폼의 피를 닦을 때 쓰는 것이고, 너희들의 유니폼엔 피가 없다. 너희들이 갈증 안 날 때까지 훈련을 반복하겠다.

허먼의 지도 방식은 상식을 초월하는 수준이다. 물도 마시지 못하게 선수들을 극한까지 몰아붙인다. 허먼은 왜 이토록 강력하게 팀을 몰아붙일까? 수면 아래 감춰져 있지만, 흑인과 백인, 인종이 다른 팀의 구성원들은 유니폼만 같을 뿐 서로를 인정하지 않는다. 허먼은 그것을 간파하고 극한까지 밀어붙여 피부색과 상관없이 실력으로 뭉쳐 '우리는 한 팀이다'라는 것을 깨닫게 해주려고 한다. 이유도 간단하다. 그래야만 승리할 수 있기 때문이다. 물론, 요스트는 이런 지도 방식을 수긍하지 않지만, 허먼이 수석코치이기 때문에 참는다.

허먼: 내가 아이들을 혼낼 때마다 당신은 친절을 베풀 건가요? 마치 악당에게서 보호하듯이? 그것이 나에게 얼마나 치명적인지 잘 알잖아요.
요스트: 난 적어도 아이들 앞에서 창피를 주지 않아요.

허먼: 세상은 이 아이들이 얼마나 예민한지에 대해선 관심이 없어요. 아이들에게 호의를 베푸는 그런 일은 하지 마세요. 그건 애들을 위하는 것이 아니에요. 아이들의 인생을 망치는 것이에요.

경기 중에 일어난 일 때문에 학부모가 심하게 항의하자, 요스트 코치가 부모를 잘 설득한다. 이때 허먼과 요스트는 의미심장한 대화를 나눈다. 언뜻 보기엔 강압적인 허먼과 선수들의 심리를 잘 파악해 달래는 요스트의 대결 같지만, 아이를 언제 압박하고 언제 달래야 하는지 힌트를 얻을 수 있다. 강압적이지만 공정하게 대하는 허먼과 달리 달래지만 선별적으로 대하는 것은 오히려 요스트다.

강한 지도력은 표면적으로 강압적이고 폭력적으로 비쳐 오해를 불러온다. 그러나 겉으로 보이는 것이 전부가 아니다. 강한 지도력의 중심은 갈등 상황을 통제하고 조절하여 학생이나 선수의 능력을 최대한 발휘할 수 있도록 하는 데 있다.

가르치는 것은 간단한 행위가 아니다. 아이를 강하게 압박해야 할 때도 있고, 부드럽게 타일러야 할 때도 있다. 하지만 공동의 목표를 위해 학급을 이끌어야 하기에 강함과 부드러움을 어떻게 조절할 것인가를 늘 고민한다. 아이를 강하게 압박해야 할 때는 교사도 부담감을 느낀다.

아이를 압박한다는 건 어떤 의미일까? 교육의 목표 중에는 아이의 성장도 있다. 교육은 바람직한 성장을 위한 것이다. 바람직한 성장은 누구나 바라는 것이다. 하지만 가르치는 자가 투입한 대로 배우는 자가 받아들이지 않는다. 좋은 것만 가르친다고 해도 마찬가지다. 특히, 태도와 습관 등은 체득할 때까지 시간이 걸린다. 이 시간에는 가르침과 배움 사이에서 불꽃 튀는 전투가 벌어진다. 때론 성장을 위해선 압박이 반드시 필요하다.

간단한 예를 들어보자. 욕설과 비속어, 비언어적 혹은 자기방어적으로 하는 나쁜 언행은 배워서 하는가? 아니다. 이건 배우지 않아도 생존을 위해 터득한다. 압박은 가르치지 않아도 본능적으로 습득하는 나쁜 태도와 습관을 누르고 성장을 위해 필요한 반대쪽에 힘을 실어주기 위한 것이다. 이것은 좋은 태도와 습관을 스스로 조절할 수 있도록 도움을 주는 행위다. 하지만 압박을 받는 아이는 처음에 부담을 느낀다.

바람직한 성장을 위해 가르치고 배우는 행위는 무척 어렵고 대단할 것 같지만, 의외로 단순하다. 해야 할 것을 하고 하지 말아야 할 것은 안 하는 것이다. 이것이 조절되면 자기주도력이 생기고 점점 도움을 받기보단 스스로 단계를 높인다. 조절되지 않을 땐 가르치는 자의 도움이 필요하다.

가르치는 자의 도움의 형태는 부드러움과 강함을 동시에 지닌다. 처음엔 부드러움이 먼저다. 하지만 부드러움이 역할을 제대로 하지 못하는 순간이 오면, 강함을 써야 한다. 강함에도 차이가 있다. 태도와 습관을 형성하기 위해서는 엄격함이 필요하지만, 단계를 뛰어넘는 관문에 섰을 땐 온몸의 에너지를 다 쏟아부어야 한다. 그 순간 지도하는 자는 최고의 집중력으로 엄청난 강함을 투사한다. 이걸 기합

(氣合)이라 부른다. 특별한 힘을 내기 위해 정신과 힘을 집중시킨다는 뜻으로 쓰이는 기합이 벌을 준다는 뜻으로 잘못 쓰이는 경우가 많지만, 기합이 성장을 위해 반드시 필요하다는 사실은 변함이 없다.

시합을 하는 선수가 경험이 부족하고 어릴 경우 스스로 정신과 힘을 모으기 어렵기 때문에 지켜보는 코치가 관찰하고 있다가 중요한 순간에 기합을 넣어준다. 물론, 조절력이 생기면 스스로 기합을 넣는 단계가 온다.

그렇다면, 요스트의 입장에서 달래는 것이 어떤 의미가 있는지 살펴보자. 요스트는 아이들이 어릴 적부터 알고 지냈다. 무엇을 좋아하고 싫어하는지, 어디에서 막히고 어디를 풀어주면 좋아하는지 아이에 관한 정보를 많이 알고 있다. 요스트는 허먼에 비해 경력도 더 화려하고, 아이들도 요스트를 더 따르고 좋아한다. 그런데 왜 요스트가 수석코치가 되지 못했을까? 비상 상황이기 때문이다. 균형이 무너진 상황이라 위기를 극복하는 데는 강한 지도력이 더 필요하기에 허먼이 선택되었다.

허먼의 압박과 요스트의 달램은 교사가 가져야 할 필수적인 마음가짐이자 교수 방법이다. 압박과 달램은 강함과 부드러움, 통제와 허용 등 다른 형태로 표현할 수 있다. 이것은 서로 병립하기 쉽지 않다. 하지만 교사는 아이에게 압박과 달램이 필요한 순간 교차하여 쓰는 과정을 거친다. 이 과정은 아이가 자율을 획득할 때까지 계속되고 압박과 달램을 쓰는 교사의 도움을 받아야 한다. 힘든 이 과정을 아이가 견디는 이유도 있다. 힘들고 고통스러운 과정을 거치면서 자신의 성장을 직접 느끼기 때문이다. 교사는 아이가 자율을 터득할 때까지 압박과 달램을 어떻게 균형 있게 투사할지 계속 고민한다.

영화에선 승리를 위한 허먼의 압박이 나오지만, 교실에선 아이의 성장을 위한 압박을 해야 한다. 그렇다면 시선을 조금만 달리해 보자. 압박하는 허먼과 달래는 요스트는 둘이 아닌 하나의 카드라고 여겨보자. 즉 한 장의 카드에 한 면에는 압박 그리고 다른 한 면에는 달램이 존재하는 것이다.

어느 상황에서 압박이 필요하고 어느 상황에서 달램이 필요한지 선택하고 조절하는 것이 교사의 능력이다. 압박을 하더라도 강도를 다양하게 조절할 수 있고 달램을 하더라도 한 번에 다 주지 않고 단계를 나눌 수 있다면 어떨까? 압박과 달램을 다양하게 조절하여 표현할 수 있는 교사라면 좀 더 융통성 있게 아이들을 대할 수 있지 않을까?

교사는 아이의 성장을 위해서 압박이라는 가면과 달램이라는 가면을 좀 더 다양하게 구비해야 한다. 아이를 관찰하고 있다가 필요한 순간이 왔을 때 주저하지 않고 적절한 압박과 달램의 가면을 선택하고 선택한 역할을 충실하게 수행해야 한다. 어느 순간에 선택하고 얼마만큼 투입해야 하는지는 상황에 따라 다르기에 가늠과 계량이 불가능하기에 교육활동은 예술적인 행위와 유사하다. 이 지점에 의미를 두고 고민하며 경험을 쌓아나가야 진정으로 가르침의 지평을 넓힐 수 있다.

압박과 달램, 이 오묘한 조화를 이해하는 교사는 좀 더 고차원적인 지도를 할 수 있다. 그것은 바로 팀 티칭이다. 동료 교사와 아예 역할을 나눠 한 명은 압박의 역할을, 한 명은 달램의 역할을 담당하는 것이다.

농구의 공격 전술의 하나로 픽앤롤(Pick and Roll) 플레이란 것이 있다. 우리 편에게 공을 패스해 주는 순간, 패스한 사람이 상대방 수비를 막고, 그 순간 생긴 빈 공간을 이용해 다양한 공격의 기회를 갖는 단순하면서도 막강한 힘을 가진 전술이다.

한쪽을 막으면, 한쪽이 풀리는 이 간단한 전술의 더 큰 장점은 누구든, 언제든 그 역할을 바꿔서 할 수 있다는 점이다. 여기가 핵심이다. 동료 교사와 합의된 상황에서 아이에 대한 압박과 달램을 자유자재로 펼칠 수 있다면 환상적인 지도를 할 수 있다.

복도에서 아이를 압박하는 담임교사를 보는 동료 교사가 있다고 생각해 보자. 평소 반 아이들의 성향과 특성에 대한 정보를 공유하는 교사들이라면 이런 상황에서 순간적인 역할 분담을 한다.

A 교사: 이 녀석. 이번엔 그냥 못 넘어간다.
B 교사: 아이쿠 이 녀석아. 오늘은 네가 잘못한 것 같다. 얼른 선생님에게 죄송하다고 해.

이런 상황이 생겼을 때 미리 설정된 시나리오대로 한 명은 압박하고 한 명은 달래주고, 역할을 반대로도 해볼 수 있는 동료 교사가 있다면 생활지도의 절반 이상은 성공이다. 압박과 달램은 교사가 가르치는 과정에서 필수적으로 장착해야 할 자질이다. 하지만 혼자서 하는 것보다 동료 교사들과 역할을 분담하면 더 큰 효과가 생긴다. 교육 활동 자체가 예술적인 활동이기에 투입되는 에너지는 상당하다.

그리고 압박과 달램은 균형이 중요한데 혼자 하는 것보다 팀 형태로 하는 것이 가르치는 에너지를 효율적으로 쓰면서도 효과를 높일 수 있다. 이런 과정을 설계하고 하고 난 뒤 돌아보는 활동을 지속한다면 가르침에 있어 교사 개인의 역량도 높아지고 동학년이나 학교 교사 전체의 가르치는 역량이 향상된다. 이런 것이 모이면 자연스러운 학습 공동체가 되고 그 자체가 예술적이며 전문적인 교육력이 된다.

리멤버 타이탄(Remember The Titans, 2000)
감독 : 보아즈 야킨
출연 : 덴젤 워싱턴(허만 분 코치 역), 윌 패튼(빌 요스트 코치 역), 도널드 페이슨(페티 존스 역), 우드 해리스(줄리어스 캠벨 역), 라이언 허스트(게리 베티어 역) 외

교사의 권위가
사라진 교실

클래스

　제61회 칸 국제영화제 황금종려상을 받은 작품인 영화 〈클래스〉는 프랑스의 어느 빈민가 중등학교의 이야기를 다루고 있지만, 현재의 우리 교실에 빗대어도 충분할 만큼 큰 울림을 준다.

　너희들 밖에서 줄 서느라 5분 까먹고, 5분은 들어오느라, 5분은 자리 잡느라 1시간 중 15분을 허비했어. 다른 학교에선 한 시간 내내 수업을 하지만, 너희들은 얼마나 많은 시간을 버리는 것이니? 너희들은 이걸 생각해 본 적이 있니?

　새 학기를 맞이하여 출근하는 교사 마랭은 아이들과 만난다. 이 학교엔 프랑스인뿐 아니라 아랍인, 아프리카 흑인, 동양인 등 여러 인종의 아이들이 모여 공부한다. 마랭은 4년 차 교사로 열정이 가득하다. 프랑스어를 가르치면서 동시에 작문을 지도한다. 다인종의 교실은 그 자체로 문제는 아니다. 교사의 지도를 제대로 따르는 아이가 적다.

마랭의 말에 한마디도 지지 않고 여학생인 에스메랄다는 반박한다.

정확하게는 55분이죠. 1시간 수업은 아니에요. 그러니까 다른 학교에서 한 시간 내내 수업받는다고 하지 마시라고요.

어른에게 반항적 태도를 가진 아이는 사사건건 교사의 지도 하나하나에 반박한다. 교사의 말에 적극적으로 반박하는 것은 나쁜 것이 아니다. 그러나 수업에 집중하지 않는 것에 대한 정당성을 획득하기 위한 목적이라면 이야기는 달라진다.

아이도 수업에 집중하지 않는 것이 정당하지 않다는 것을 안다. 그래서 자기의 부정적인 행동을 감추려고 오히려 교사의 말에 꼬투리를 잡고 끊임없이 수업을 방해한다. 아이는 이런 행동을 정당한 자기주장이라 여긴다. 자신은 교사의 잘못을 지적하는 것이고, 그 방법이 버릇없다는 것은 생각하지 않는다. 교사의 잘못을 지적하려면 강력한 방법을 써야 하니 소리를 질러도, 비아냥거려도 된다고 생각한다. 아이는 이런 짓을 세련된 의사표현이라고 여긴다. 적어도 수업에 집중하지 않는 자신의 행동은 감출 수 있으니 손해가 없다고 생각한다. 아이는 정당하게 의견을 제시하는 중이고 그것을 받아들이지 않고 자신을 지적하는 교사를 나쁜 사람으로 만들 수 있으며 친구들에 겐 멋있고 쿨한 모습을 보여줄 수 있다고 착각하는 지경에 이른다.

이것이 아이의 권리라고 여기면 교사는 정상적인 수업을 할 수 없다. 적극적인 수업의 방해까지 온 아이들이 교실에서 점점 늘어나 다수를 차지한다는 건 교실 붕괴가 멀지 않았다는 뜻이다. 해야 할 것을 하고, 하지 말아야 할 것을 하지 않아야 한다는 묵시적인 약속이 붕괴되고, 약속으로 정하지 않아 그 경계가 애매한 것은 교사의 지도를 받거나 학급 공동체 전체에 동의를 구해야 한다는 규칙이 무너진다. 지켜야 할 것이라도 하기 싫으면 눈치껏 안 해도 된다는 생각은 행동으로 나타난다. 처음엔 소극적인 수업 회피인 화장실 가기, 밖으로 나가기를 시도하고 교사의 눈치를 보지 않아도 된다고 생각하면 대놓고 태만하기를 시도한다. 여기서 더 넘어가면 교사의 지도 자체를 거부하고, 공동체나 학교의 규칙 자체를 무시한다.

교실 붕괴는 이렇게 나타난다. 교실의 붕괴는 약속의 붕괴와 같다. 이런 상황에서 가장 피해받는 것은 단기적으로는 교사이고 장기적으로는 모든 구성원이다. 교사는 가장 먼저, 가장 강력한 피해를 받는다. 그것은 교실 붕괴를 초래하는 아이들에 대한 원망과 미움으로 나타나지만, 더 지속되면 가르치는 일 자체에 대한 환멸로 변한다.

저 버릇없는 녀석들 못 참겠어. 지긋지긋해. 더 이상은 못 견디겠어. 인간도 아니야. 머리에 든 것도 없어. 좀 가르쳐보려고 해도 벌써 선생 머리 꼭대기에 올라 앉아있으니, 내내 헛소리만 지껄이고 아무 소

125

용이 없어. 단순 무식하고 버릇없는 것들. 평생 그딴 식으로 살아. 아무도 안 말려.

중학교 컴퓨터 수업을 맡은 교사가 교무실로 와서 수업 시간에 아이들이 얼마나 애를 먹였는지 하소연한다. 그 모습이 남의 일 같지 않지만, 다른 교사들은 듣고만 있다. 아니 한마디도 거들 수 없다. 자신의 수업 시간에도 별반 다르지 않다는 것을 알기 때문이다.

마랭은 교실 붕괴를 원치 않는다. 그는 최선을 다해 아이들을 지도한다. 마랭은 수업 시간에 아이들의 반응에 적극적으로 대응한다. 그것은 하나의 작은 전투이며 전쟁이다.

내 이름은 술래이만. 나에 대해 할 말이 없다. 날 아는 사람은 나밖에 없으니까. 나에 대해 발표하지 않겠다.

자신을 묘사하는 과제를 주고 발표하는 수업을 하던 중 평소 교실 뒤에서 불손한 태도로 수업을 듣는 술래이만의 무성의하고 도발적인 발표에 마랭은 한 번 더 기회를 준다. 그러나 다음 시간에도 술래이만은 발표를 하지 않는다. 술래이만이 수업을 거부하는 이유는 선생님이 자신을 미워한다고 여기기 때문이다. 아이들의 성적평가회의에 학생 대표로 참가한 에스메랄다가 회의 시간에 마랭이 한 말을 왜곡하여 술래이만에게 전달했기 때문이다. 마랭은 화가 났다. 정작 반 아이들은 박수를 치며 술래이만의 태도에 호응한다. 마랭은 그런 아이들 중 유독 호들갑스럽게 떠드는 에스메랄다에게 해서는 안 되는 말을 한다.

> 마랭: 그렇게 떠드는 넌 XXXX 같아.
> 에스메랄다: 뭐에요? 선생님 미쳤어요? 그런 말 해도 돼요?
> 마랭: 깎아내린 게 아니라 모욕 준 거다.
> 에스메랄다: 깎아내리고 모욕주다니, 선생님 미친 거군요.
> 마랭: 아니, 깎아내리거나 모욕한 거지. 두 가지를 동시에 하지 않았어.

에스메랄다는 분노하고 마랭에게 대든다. 이 과정에서 술래이만이 교사에게 욕설을 하고 물건을 던지며 나가다 다른 여학생에게 상처를 입힌다. 술래이만의 징계위원회가 열리고 영화는 점점 파국으로 치닫는다.

수업 시간에 벌어진 마랭과 에스메랄다의 대화를 보면 아이보다 교사의 잘못이 먼저 보인다. 해서는 안 되는 말을 한 것은 부정할 수 없는 사실이다. 그렇다면, 마랭은 왜 그런 실수를 저질렀을까? 이 부분에서 가르치는 교사의 특수성이 나온다.

마랭은 지식을 전달하는 수업이 아니라 내면의 자기 모습을 끄집어내어 쓰게 하는 수업을 한다. 이런 수업은 필연적으로 아이의 내면 깊숙이 파고드는 집요한 발문을 요한다. 물론, 모든 교사가, 모든 수업이 이렇게 진행되진 않는다. 하지만 수업이 아니더라도 생활지도의 장면에서도 표면적인 갈등에서 시작하여 아이 내면을 깊숙이 파고 들어가야 하는 상황은 흔히 발생한다.

그렇다고 해서 마랭의 실수가 허용할 수준은 아니다. 그리고 단순한 말실수로 넘길 상황도 아니다. 마랭이 잘못한 것은 짚어야 한다. 그에 더해 마랭의 진정한 실수는 실언한 순간 곧바로 아이들에게 용서를 구하지 못했다는 것이다.

좀 더 깊숙이 들어가 보자. 에스메랄다를 비롯한 아이들은 마랭을 비롯한 교사들의 권위를 인정하지 않고 있다는 점에 주목할 필요가 있다. 가르치고 배우는 과정에서 권위가 사라진 교사는 아무것도 할 수 있는 것이 없다. 교사의 권위가 사라지면 아이가 약자가 아니라 강자가 된다. 그러면 교사가 아이들의 눈치를 봐야 하는 기가 막힌 상황이 벌어진다. 마랭은 적어도 수업 시간에 교사의 권위가 사라지면 어떤 일이 벌어지는지 알기에, 가르치는 자로서 권위를 잃어버리지 않기 위해 필사적으로 노력하다 잘못을 한 것이다. 신이 아닌 이상 교사가 완벽할 수 없는데, 실수 자체를 용납할 수 없는 환경이라면 가르치고 배우는 데 무슨 교육적 효과를 기대할 수 있겠는가? 엄하게 지도는 하되 아이의 감정을 털끝만큼이라도 다치게 해서는 안된다고 요구하면 그것 자체가 형용모순이 아닌가?

교사는 전문가이니 실수는 하면 안 된다고 질책한다면 그것은 정말 비교육적인 태도다. 실수 자체를 문제 삼기보다 실수를 했을 때 어떻게 대처했는지 살펴야 한다. 여기서 법리적인 관점이 아닌 교육적인 관점이 필요하다. 마랭이 실수를 만회하고 에스메랄다와 관계를 회복할 수 있도록 시간과 기회를 주는 환경이 주어져야 한다는 것이 교육적 관점이다. 만약, 마랭이 그런 기회와 시간이 있음에도 불구하고 하지 않는다면 그때 법리적인 관점으로 접근해도 늦지 않다.

그렇다면 마랭과 에스트랄다가 갈등하는 상황을 어떤 교육적인 관점으로 바라봐야 하는가?

아이는 수없이 많은 실수와 실패를 통해 하나의 성취를 이룬다. 교사는 아이에 비해서 빈도가 적을 뿐 실수와 실패를 하지 않는 것은 아니다. 일상에서 아이뿐 아니라 교사도 실수와 실패가 있을 수 있다는 것을 인정할 때 배움이 일어난다. 이것은 교사와 아이 사이의 신뢰로 나타난다. 교사는 아이에게 허용적인 태도를 바닥에 깔고, 아이는 교사가 자신에게 좋은 것을 가르친다고 믿어야 한다. 이런 허용과 신뢰가 바탕이 되기 위해선 가르치는 교사의 권위가 충분히 보장되어야 한다. 교사의 권위는 가르치고 배우는 그 복잡다단한 과정에서 불완전성을 완화시킬 수 있는 기둥이자 바탕이 된다. 그 속에서 아이는 교사의 권위에서 오는 안정감을 바탕으로 불안감을 조절하며 도전하는 용기를 가지고, 교사는 그런 과정에서 생기는 실수에 대해 아이에게 양해를 구할 수 있다. 권위가 사라진 교사는 작은 실수에도 자기방어를 한다. 그런 상황이 오면 가르침과 배움의 오묘한 관계의 질서가 깨진다. 마랭의 교실에선 그 균형이 깨져버린 것이다.

프랑스의 중학교 2학년 교실의 모습이 우리의 모습과 크게 다르지 않다. 물론, 안다. 아이들이 이런 모습을 보이는 것이 학교의 잘못만은 아니라는 것을. 이미 아이들은 사회의 편견과 무시 그리고 차별에 닿고 닳아 자기방어를 하고 있을 뿐이다. 그것이 자신과 타인을 얼마나 부수고 있는지 모를 뿐이다.

교사의 권위가 사라지면 교실은 붕괴된다. 막장이 되어버린 교실이 각자도생과 약육강식의 정글로 변하는 것은 시간문제다. 아이들은 자유라는 미명하에 책임이 사라진 방종을 권리로 주장하며 교사를 공격하고 학교를 무력화시킨다.

권위가 사라진 교사는 갈리고 희생당한다. 그런 교사가 몇 명만 생겨도 그 학교는 붕괴된다. 더욱더 참담한 것은 교사의 갈림과 희생이 표면으로 드러나는 순간 교실이 붕괴된다. 즉 교실의 붕괴는 교사가 지탱할 수 없는 상황까지 몰렸을 때 나타난다. 이런 상황이 오면 남은 다른 교사는 녹아내려 가는 권위를 되찾고 세우려고 처절하게 몸부림치다 결국 갈가리 찢겨 나가고 또 다른 교실이 붕괴된다. 그나마 살아남은 경력 교사들은 전출이나 휴직으로 탈출하고 그 학교는 미숙하고 경험이 부족한 교사로 채워져 마침내 학교는 붕괴된다. 학교가 무너지면 교육도 무너진다.

클래스(The Class, 2010)
감독 : 로랑 캉테
출연 : 프랑소와 베고도(프랑수와 역) 외

경력 교사가
빠지기 쉬운 덫

 파인딩 포레스터

포레스터는 자신의 문학적 성과를 뒤로 한 채 은둔해 살고 있다. 고향인 스코틀랜드를 떠나 뉴욕에 정착한 포레스터는 세상과 단절한 채 혼자 칩거하며 남들에게 공개하지 않은 글을 쓰고 있다.

자말과 포레스터는 서로 관심이 없었다. 하지만 자말은 늘 창문 너머로 자신을 관찰하는 포레스터에게 묘한 호기심이 생겼고 그의 집을 방문하면서 일은 시작된다. 우연히 자말의 글을 본 포레스터는 문학적 자질이 훌륭한 것을 깨닫고 자신만의 피드백을 한다. 아주 혹독하게 말이다. 자말 역시 포레스터의 조언을 고깝게 여기지 않고 따른다. 본능적으로 포레스터가 위대한 작가란 것을 알아챘기 때문이다.

이런 두 사람의 사이는 기묘한 사제관계가 되었다. 대신 주고받은 글은 외부에 공개하지 않기로 했는데, 자말이 그 약속을 깨면서 문제가 생긴다. 학교에서 가장 깐깐한 수업을 하는 문학 교사 크로포드가 자말의 글을 의심하고 추궁했기 때문이다.

크로포드는 한때 문학가를 꿈꿨다. 그러나 자신의 실력이 문학가가 될 수 없다는 것을 알고는 문학과 작문을 가르치는 교사가 되었다. 그의 지도 방식은 엄청난 독서와 작문법을 바탕으로 학생들을 철저하게 부수는 것이었다. 카리스마 넘치는 크로포드의 지도 방식은 어쩌면 그의 내면에 존재하는 열등감이 기반되었을 것이다.

사람들이 가장 두려워하는 것은 그들이 이해할 수 없는 거야. 우리가 이해하지 못하면 가정을 한다. 가난한 지역 출신의 흑인 아이가 너처럼 글을 쓰는 것을 못한다고 가정하는 거란다.

포레스터와 크로포드가 자말을 지도하는 방식은 보통의 교사가 하는 방식과는 조금 다르다. 포레스터와 크로포드의 방식을 비교해 보면 가르치는 방식이 변하는 교사의 삶의 여정을 엿볼 수 있다.

까칠한 포레스터의 지도 방식을 보자. 그는 교사는 아니다. 그러나 가르치는 일을 오래 하다 보면 저런 까칠한 모습을 가진다. 왜일까?

교사는 처음부터 까칠하지 않다. 아이를 대하는 직업의 특성상 까칠한 모습은 역효과를 가져온다. 그래서 가르치는 행위는 친절함을 기본으로 한다. 친절함이 기본이라 해서 친절함이 목표는 아니다. 아이가 배워야 할 것을 제대로 배우기 위해선 집중력을 가져야 하고 거기다 가르치는 교사와 배움 자체에 진지함도 가져야 한다. 가르침에 있어 학생에게 보이는 교사의 친절함은 쓴 약을 먹기 위해 겉에 설탕을 바른 당의정과 같다.

그럼, 자말과 같은 아이를 만났다고 해보자. 자말은 글쓰기에 재능이 있다. 그것도 당대 최고의 문학가로 칭송받는 포레스터를 들썩이게 한 수준이다. 세상과 등지고 자기 내면으로 들어가 글쓰기만 하던 포레스터를 세상 밖으로 나오게 할 정도로 역량이 있다.

포레스터가 가진 까칠함을 교사의 관점에 풀어보면, 일상에서 겪는 단순함과 무력함이 결합되어 굳어진 형태다. 아이들을 가르치는 일은 매번 새롭고 힘들지만, 어느 정도 단계를 거치고 나면 익숙함이 생긴다. 익숙함은 여유로움으로 발전할 수도 있고, 오히려 까칠함으로 변할 수도 있다. 가르치는 활동은 전문적이면서도 예술적인 과정이다. 가르쳐야 할 것은 정해져 있지만, 가르치는 방법과 과정 그리고 단계는 교사마다 천차만별이다. 이런 것은 배운다고 배울 수 있는 것이 아니라 교단에서 아이들과 부딪치면서 자기만의 교수법을 만들어가는 것이다. 어떤 형태로든 자기만의 방식을 만든다.

자기에게 맞는 교수법을 만들면 다음부턴 희한한 일이 벌어진다. 대충 살펴보면 어떻게 해야 할지 감이 오고, 그걸 자연스럽게 가르치는 활동으로 연결하는 자신을 발견한다. 무엇을 먼저 하고 어떻게 해야 할지 몸이 먼저 반응한다. 기차를 달리게 하는 데 가장 어려운 일은 레일을 깔고 기차를 올리는 일이다. 일단 올리고 나면 깔린 레일 위를 달리는 것은 쉽다. 지퍼를 채우는 것도 마찬가지다. 처음 지퍼의 입구를 맞출 땐 버벅거리다가도 일단 맞추기만 하면 쭉 올라간다.

틀이 맞고, 아귀가 맞으면 힘은 덜 들고 효과는 빨리 나타난다. 그 과정에서 교사 자신도 모르게 태도가 변한다. 자신만의 가르치는 방법을 만들지 못했을 땐 불안하고 조급한 마음을 가지면서도 최대한 배우고 받아들이려 한다. 하지만 방법을 만들고 나면 가르치는 데 별문제 없어 보인다. 가르치는 데 효율적이고, 수업의 성과와 효과가 눈에 보인다. 두렵고 어렵기만 했던 수업이 해볼 만한 단계를 넘어 잘하는 수준까지 올라온다. 어느 순간 자만심이 생기고 무료해지는 자신을 발견한다. 그러면서 교실을 넘어 학교 일을 하게 되고, 학교의 구조와 학교와 연결된 여러 구조가 눈에 들어온다. 어느덧 수업뿐 아니라 많은 일을 한다. 수업뿐 아니라 일도 잘하는 경지에 오른다.

가르치는 일의 단순함은 여기서 나온다. 수업과 업무를 병행하다 보면 양쪽 모두 잘하기 위해 허덕이기는 교사가 있는 반면 둘 다 척척 잘하는 교사도 있다. 수업의 측면에서 보면, 틀이 짜인 자신의 방식을 초월하거나 능가하는 아이가 보이지 않는다. 그러니 아이로부터 지적 자극은 받기 어렵고, 대신 교사가 정한 단계와 방식에 적응하지 못하는 아이가 있어 귀찮긴 하지만 대다수 아이가 그럭저럭 잘 따라주고 재미있어하니 대수롭지 않게 넘어간다.

업무는 처음엔 힘들다가도 익숙해지면 수업보다 더 쉽다. '대강 철저히'의 규칙을 적용하면 된다. 학교는 무수히 많은 서류작업과 준비와 성과의 홍보와 정리를 요구하고 있어 겉으로 보기엔 뭔가 계속 생산해 내는 것 같지만, 실제로 속으로 파고들어 가 보면, 그럴듯하게 하는 것처럼 보이기 위해 만들어 내는 것이 더 많다. 적어도 10년쯤 교사 생활해 보면 그 속성을 파악한다. 처음엔 공문 하나에도 대단한 법적 근거와 교육적 가치를 담고 있는 것처럼 보이지만, 몇 번 해보면 형식적이란 사실을 간파한다. 복잡해 보이지만 단순하다. 적당히 예상되고, 적당히 결과가 나오며, 적당히 마무리된다.

수업과 행정업무가 과중하기도 하지만, 의외로 업무는 그럴듯하게 대충 구멍 나지 않을 수준에서 임기응변을 하다 보면 주위에서 좋은 평가를 받는 것도 어렵지 않다.

'대강 철저히'라는 형용모순인 용어가 실존적 명제로 통하고 있는 것도 지금의 교육 현실이다. 어쩌면 수업도 잘하고 싶고, 행정업무도 놓치지 말아야 하는 현실 속에서 살기 위해 교사의 양심과 거래하는 선택일지 모른다. 더욱더 참담하고 슬픈 것은 '이래도 되나?' 하던 죄책감은 밀려드는 업무와 수업 때문에 생각할 시간조차 허락하지 않는다.

옆에서 보면 잘하는 것 같고, 실제로도 큰 무리와 사고 없이 학급 운영이나 수업이 이뤄지는 것 같아 괜찮아 보이지만, 익숙할수록 처리할 수 있는 업무량은 늘지만 수업을 준비는 태도는 예전과 달리 더 단순해진다. 창의적으로 수업을 고민하는 일은 사치라 여긴다. 단순하면서도 효율적인 수업을 추구한다. 수업의 단순함이 커진다고 해서 욕먹지 않는다. 그럴듯한 자료와 교구는 물론이고 교육용 사이트와 인터넷 심지어 유튜브 검색 몇 번으로 괜찮은 수업처럼 보이게 설계하는 것도 가능해진다.

그런데 단순함과 무력함은 무슨 연관이 있을까? 수업을 포함해 하루 일과의 전체를 보면 단순하지만, 매일 만나는 아이들의 순간순간은 그렇게 단순하지 않다. 아이는 본능적으로 자신에게 관심을 주는 어른과 그렇지 않은 어른을 구별해낸다. 일상의 번거로움을 조절할 수 있는 교사는 좀 더 강한 투사력으로 아이를 관찰하고 방법을 찾는다. 그러나 이내 무력함의 벽에 부딪친다.

무엇이 문제인가? 관찰해서 보는 것과 실제 행하는 것은 차이가 난다. 의사가 처방을 아무리 잘 내려도 환자가 따르지 않으면 소용이 없는 것과 같다. 거기다 미성숙한 아이일수록 강력한 처방은 역효과가 난다. 역효과는 민원으로 변해 자존감이 떨어지게 하는 일이 다반사로 생기고, 잘못하면 교사의 직을 잃을 만큼 위협적으로 돌아올 수 있다는 것을 경험하면 무력감에 빠진다.

이런 일이 반복되면 그나마 남아있던 단순하게 가르치는 것에 대한 죄책감도 사라지고 '대강 철저히' 업무하던 방식으로 더욱더 정교하게 '대강 철저히' 수업을 한다. 아이도 좋아하고 민원도 없는 방식으로 수업을 설계한다. 이런 설계에 아이의 성장과 발달은 순위에서 밀린다. 오히려 이런 단순함의 함정에 빠지고 싶지 않은 교사와 '대강 철저히'에서 탈출하려고 발버둥 치는 교사가 더 큰 민원과 갈등에 빠져 무기력의 늪에 빠질 가능성이 크다.

이제 크로포드를 보자. 포레스터에 비하면 문학적으로 성과는 없지만, 대신 작가가 되지 못한 열등감으로 엄청난 수련을 통해 작문을 가르치는 분야에선 큰 자부심을 가질 정도의 교사가 되었다. 수많은 작가의 명문을 꿰고 있으며, 아이들이 쓴 글이 어떤 서사구조를 가졌으며, 무엇을 참고했는지 알아볼 수 있는 수준이다. 크로포드가 강조하는 것은 배우는 자의 겸손과 가르치는 자에 대한 존중이다. 그런데 그걸 너무 강조하다 보니 자신의 피드백에 토를 다는 아이들은 가차 없이 짓뭉개버린다.

크로포드는 강력한 카리스마로 강압적인 지도 방식을 고수하는 영화 〈코치 카터〉의 카터 코치나 〈리멤버 타이탄〉의 허먼 코치에 가깝다. 그러나 문학과 스포츠는 가르치는 방식이 다르다. 배우는 자의 겸손과 가르치는 자에 대한 존중은 어느 정도 필요하지만, 스포츠에서는 절대적이다. 대신 배우는 자는 겸손과 존중이 이뤄졌을 때 나타나는 효과를 확실히 느낄 수 있기 때문에 그것을 수용한다.

그러나 문학은 다르다. 낯선 것에 관심을 가지고, 자신의 언어로 무언가를 쓰는 것은 계획된 학습단계보다 좀 더 여유로운 과정이 필요하다. 크로포드는 아이들이 잘못된 쓰기 습관을 고쳐서 잘 쓴 글의 형태를 잡아줘야 한다고 여기지만, 실제로는 이미 나와 있는 작가들의 명문을 기반하여 지도한다. 좋은 글을 소개하고 따라 해보는 것도 배울 땐 중요하다. 다만, 크로포드는 그걸 넘어서 가르치는 자로서 자신의 권위를 세우기 위해 명문을 이용할 뿐이다. 크로포드는 진정으로 아이들의 마음을 들여다보지 않는다. 오직 자기 말을 거역하지 않는 아이를 바랄 뿐이다.

크로포드가 바라는 것은 권위다. 가르치는 자에게 권위는 필요하다. 대신 그 권위의 지향점과 목적은 아이를 잘 가르치기 위함이고 그것은 결국 아이의 성장에 도움이 되어야 한다는 전제가 있어야 한다. 하지만 크로포드가 바라는 권위는 자신을 위한 것에 그치고 있다. 자신의 지도 방법과 규칙을 고수하거나 무너지지 않을 성을 구축하는 데 그 권위를 쓸 뿐, 아이의 성장을 위해 쓰지 않는다.

이런 면에서 크로포드는 안타깝다. 가르치는 일에 나름 열성을 가지고 최선을 다 했음에도 불구하고, 가르치는 자의 권위를 아이를 위해 쓰지 않으면 어떤 모습이 되는지 보여준다. 그는 열심히 했지만 늘 가르치는 의미를 찾지 못했다.

포레스터든, 크로포드든 주변에서 이런 교사를 볼 수 있다. 실력이 있지만 까칠한 포레스터든, 열심히 했지만 권위 있는 척하는 크로포드든 초짜 교사의 모습은 아니다. 자신의 분야에 어느 정도 자부심을 가지고 성과를 냈다는 자신감이 있다. 타인도 이렇게 생각하고 함부로 하지 않는다. 어쩌면 교사로서 한 번쯤 도달하고 싶은 경지다.

격변의 상황이 벌어지지 않는다면 나름대로 서로 충돌하지 않고 '대강 철저히' 인정받으며 교직 생활을 이어갈 것이다. 하지만 교실은 그렇게 만만하지 않다. 언젠가는 자말과 같은 아이를 만난다.

자말은 매너리즘에 빠진 포레스터와 크로포드에게 큰 자극제가 된다. 피하려고 해도 피할 수 없고, 무시하고 넘어갈 수 없다. 경력 교사의 매너리즘은 좀체 알아채기 어렵다. 옆에서 말해주지 않는 한 스스로 알아채기는 더 어렵다. 자말 같은 아이는 영화에서만 존재하는 것이 아니라 현실에도 존재한다. 언제 어디서 나타날지 모르지만, 언젠가는 만날 것이다. 경력 교사가 되었을 때 자말 같은 아이가 나타난 것조차 모른다면 무능한 것이다. 자말 같은 아이는 경력 교사를 시험 들게 한다. 그 순간 교사라면 어떤 모습을 보일지 생각해 봐야 한다. 그것은 외면으로 비치는 교사의 모습이 아닌 내면의 자신을 돌아보는 관문의 역할을 한다. 남들은 모르는, 혹은 남들은 속일 수 있는 자기 내면에 까칠함으로 가득 찬 포레스터의 모습이 있을지, 권위 있는 척 기만하는 크로포드가 있을지 발견하는 순간이 올 것이다.

파인딩 포레스터(Finding Forester, 2001)
감독 : 구스 반 빈센트
출연 : 롭 브라운(자말 웰레스 역), 숀 코네리(윌리엄 포레스터 역), F. 메레이 에이브라함
      (로버트 크로포드 역) 외

가르침과
배움의 차이

천재들만 간다는 일류 명문대인 임페리얼공대(ICE)에서 경쟁만이 실력을 높일 수 있다고 믿는 총장과 세 명의 기막힌 학생이 벌이는 이야기를 다룬 영화 〈세 얼간이〉를 통해 가르치고 배우는 것이 어떤 의미가 있는지 살펴보자.

비루 총장은 입학하는 첫날 신입생들에게 늘 틀에 박힌 연설로 압박한다.

인생은 레이스다. 빨리 달리지 않으면 짓밟힐 것이다. 이것은 우주 전용 펜이다. 만년필이나 볼펜은 우주에서 쓸 수 없어 수백만 달러를 들여 개발한 펜이지. 온도, 중력에 상관없이 쓸 수 있다. 이것은 능력의 상징이다.

비루 총장에게 교육의 목적은 경쟁이다. 40만 명의 지원자 중 선발된 200명의 입학생은 이미 탈락자들을 짓밟고 올라선 것이라 말하고, 그 경쟁은 아직도 끝나지 않았으며, 총장 자신이 스승에게서 받은 우주 전용 펜을 쟁취하라고 부추긴다. 총장은 우주 전용 펜이야말로 승리의 산물이며 능력을 보여주는 절대적인 상징이라고 믿는다.

신입생 중 최고의 학생인 란초의 질문은 의미심장하다.

지구 밖에서 펜을 못 쓴다면, 연필을 쓰면 되잖아요.

학생이 배움의 이유를 찾지 못하면, 배우는 행위를 하더라도 늘 의문을 가진다. 교사는 이런 학생에게 배워야 하는 이유를 이해시켜야 할 의무도 있다. 이 과정을 능숙하고 자연스럽게 해야 가르침에 정당성을 가진다.

하지만 가르치는 일을 오래 했다고 해서 가르치는 의미를 쉽게 찾는 것은 아니다. 교재를 연구하고, 수업을 하고, 평가와 피드백을 늘 하면서도 가르치는 의미가 무엇인지 묻는다면 쉽게 대답하지 못한다. 특히, 학생의 처지에서 배움의 의미를 가르치는 의미와 연결하지 않으면 더욱더 어렵다. 가르치는 의미를 찾지 못하면 방법을 변화시키더라도 결국은 구태의연한 방식으로 귀결되기 쉽다. 오히려 구태의연함을 전통이라 생각하고 검증되었다고 여기기에 스스로 정당성을 부여해 가르침의 철옹성을 구축한다.

그렇기에 총장은 가장 간단한 방식으로 배움의 이유를 설명한다.

그것은 곧 배움이 성공을 위한 길이며, 배움에 의문을 가져선 안 된다는 것이다. 과연, 이런 말을 듣는 학생은 어떤 느낌이 들까?

> 총장: 인생은 스트레스의 연속이야. 왜 남 탓을 해.
> 란초: 저는 총장님이 아니라 교육시스템을 탓하는 겁니다. 인도의 자살률은 세계 1위입니다. 뭔가 크게 잘못되었습니다.
> 총장: 우린 인도 최고 대학 중의 하나야. 난 32년간 이 학교를 28위에서 1위로 올려놓았어.
> 란초: 뭐가 1위란 말이죠. 저흰 공학을 배우기보다 학점 잘 받는 법만 배우고 있어요.
> 총장: 나에게 교수법을 가르치는 건가?

발표날짜를 넘겨 총장에게 기회를 더 달라고 했던 학생은 극단적인 방법으로 생을 마감한다. 란초는 분노하고 총장에게 따지면서 논쟁한다. 총장을 변호해 주기 어렵지만, 가르침에 대해 왜 저런 견해를 보이는지 살펴보는 것은 나름의 의미가 있다.

가르치는 활동은 보수적이다. 가르칠 내용은 검증된 것을 선별해서 가르친다. 그것도 체계적인 과정과 단계를 거치면서 점진적으로 가르친다. 이 과정은 특별한 것이 아니라 지극히 평범하고 보편적인 것이다. 그러나 여기서 딜레마가 발생한다. 바로 배우는 아이의 태도와 자세 그리고 받아들이는 능력의 차이가 존재한다는 것이다. 기본적으로 배움은 자발성이 있어야 가장 효과가 발휘되지만, 자발성도 능력이기 때문에 가르치는 자는 아이들의 자발성을 끌어내는 능력도 중요하다. 그래서 혁신적이거나 새로운 방법을 이용하여 배우는 자의 흥미를 이끌어 자발성으로 유도한다.

총장의 방법은 이런 단계를 다 건너뛴다. 총장의 생각은 가르치고 배우는 이유를 성장이 아닌 성공에 두고 있다. 성장이 보다 내면적인 것이라면, 성공은 겉으로 드러나고 보이는 것이라 평가도 쉽게 할 수 있다. 성장이 아닌 성공을 목표로 두었으니, 경쟁은 필수 불가결하다고 생각한다.

경쟁 자체가 무의미하다고 할 수 없다. 달리기를 해도 아이들은 경쟁한다. 중요한 것은 목적이 경쟁 그 자체에 있는가, 아니면 아이의 성장에 있는가 하는 것이다. 성공을 위해서 경쟁은 어쩔 수 없다고 말하는 것은 경쟁이 가진 최소한의 가치를 모르는 것이다. 경쟁은 그 자체로 가치 있는 것이 아니라 성장을 하기 위한 단계로 써야 비로소 가치가 있다. 가르치는 교사가 늘 경계하고 살펴야 할 화두다.

배우는 과정을 살펴보면, 새로운 것을 배우는 시간보다 배운 것을 익히는 시간이 더 많다. 그래서 학생의 인내와 반복이 연속되는 것이 대부분이다. 시험도 치르고 평가도 받으면서 경쟁의 장도 펼쳐진다. 그러나 이것 역시 배움의 수단이지 목적은 아니다.

입시라는 현실적인 장벽이 아직도 공고한 대한민국의 교육 현실에서 배움의 목적이 무엇인지 고민하는 것 자체가 쉽지 않다. 학생뿐 아니라 부모에게는 지금 당장 성과가 나지 않더라도 기초와 기본을 충실히 익혀야 한다는 교사의 가르침은 입시라는 무한 경쟁 앞에서는 공허하게 들린다. 입시 앞에서 교사에게는 수단이었던 경쟁이, 학생에게는 그 자체가 목적이 된다. 성적으로 산출되는 성공의 증거는 무엇보다 분명하고 확실하게 보인다. 이상은 이상일 뿐 현실 앞에 굴복하는 것은 시간문제다. 비루 총장은 현실이 이상을 집어삼킨 극단의 예를 보여주는 인물이다.

공부의 이유는 성장을 위해서다. 그러나 성장과 성공을 구분하지 못하면 가르침과 배움의 과정이 바뀌고 그에 따른 결과도 달라진다. 비루 총장은 공부의 이유는 성공이고, 개인의 성공은 학교의 성장이라 생각한다. 그렇다면 란초가 생각하는 공부의 이유는 무엇일까?

총장: (우산을 휘두르며) 도둑놈들, 못된 놈들.
세 얼간이: 죄송합니다.
총장: 교육시스템이 어쩌고 저째. 시험지까지 훔쳐? 너희들 다 퇴학이야.

라주를 도와주기 위해 란초와 파르한은 시험문제를 훔쳤다. 시험지를 훔치는 것은 잘못된 행동이지만, 그들 나름대로 이유는 있다. 총장이 라주를 떨어뜨리기 위해 직접 출제했기 때문이다. 하지만 정작 라주는 친구들이 훔쳐 온 시험지를 쓰지 않고 자신의 능력으로 시험을 치르려 한다. 불가능할 것 같은 시험에 도전하고, 퇴학을 무릅쓴 친구들의 도움을 거절한 이유는 무엇일까? 라주는 삶을 포기하고 죽음의 문턱까지 가서 자신의 삶을 스스로 극복하는 방법을 터득했다.

이제껏 라주는 문제가 생기면 신에게 의탁하여 회피하려 했다. 란초는 문제를 회피하지 말고 직면하라는 걸 몸으로 라주에게 보여줬다. 알게 모르게 란초의 가르침이 스며들었던 라주는 죽음의 문턱을 건너며 삶의 방향을 바꿨다.

총장은 시험문제를 란초가 훔쳐 간 것을 깨닫고 분노한다. 그런데 궁금한 것이 생겼다. 누가 자신의 방 열쇠를 준 것일까? 그건 란초와 사귀고 있던 총장의 딸인 피아의 소행이다. 왜 그랬을까? 여기엔 총장 가족의 슬픈 가족사가 있다. 자신의 뒤를 이어 공학자가 되길 원했던 총장의 아들은 극심한 스트레스를 못 이겨 자살했다.

성공이란 무엇일까? 총장의 관점에서 보면 눈에 보이는 성취, 취업과 진학 그로 인한 학교의 발전이었다. 총장은 학창 시절 훌륭한 학생이었고, 교수가 되고 총장이 되면서도 가르치는 능력만큼은 최고라고 자부하고 있었다. 그런 총장도 아들이 자신의 대학에 들어오지 못한 것은 아쉬움이었다. 아무리 가르쳐도 아들은 입학하지 못했다. 그런 아들이 자살해 버렸다. 총장은 아들의 자살 원인이 인내심의 부족이라고 여겼다. 슬프고 안타깝지만 적어도 아버지인 자신의 책임은 아니라 생각했다. 그런데 딸 피아는 그런 총장의 생각을 깨버렸다. 아들의 자살이 자신 때문이라는 사실에 총장은 충격을 받는다.

입학 첫날 나에게 질문했지? 왜 우주비행사는 우주에서 연필을 안 쓰냐고? 연필심이 부러지면 우주 공간에서 둥둥 떠다니고, 그것이 눈코에 들어갈 수 있다고. 란초, 네가 틀렸어. 네가 항상 맞는 건 아니야.

예전 총장님이 가장 훌륭한 학생을 찾으면 이 펜을 주라고 하셨다. 이걸 가져.

억수같이 내리는 비에 도로가 파괴되고, 전기가 나간 상태에서 임산부인 피아의 언니가 진통을 하기 시작한다. 다행히 의사인 피아가 화상 통화로 언니의 상황을 알려주자, 란초는 집에 있는 도구와 기구를 이용해 초인적인 창의력을 발휘해 언니의 출산을 돕는다. 란초는 자신의 역할을 다하고 자리를 떠나려 한다. 아무것도 할 수 없이 발만 동동 구르던 총장은 란초를 인정한다.

분명 총장은 훌륭한 교육자로 자리매김하고 있었다. 외부 시선도 그랬고, 총장 자신도 그렇게 믿었다. 자신의 가르침은 완전무결하며 배우는 학생은 자신의 뜻을 따르고, 치열한 경쟁을 일상적으로 이뤄내야 비로소 성공할 수 있다고 주장했다. 실력이 있으면서도 사사건건 딴죽 걸고 방해하며 정해진 성공의 길을 걷지 않는 란초를 미워했다.

하지만 역설적이게도 성공과 성장이 같은 것이 아니라 다를 수 있다는 것을 란초를 통해 깨달았다. 총장의 깨달음은 잊었던 아들의 죽음의 이유도 알게 되었다. 아들은 인내심이 부족해서가 자살한 것이 아니라 성공을 위해 아들마저 이용하려 한 아버지인 자신이 아들을 죽음으로 몰고 갔던 것이다. 중요한 것을 잃고 나서야 가르치는 진정한 의미가 성공이 아닌 성장에 있음을 총장은 깨닫는다.

가르침과 배움의 차이를 생각해 본다. 분명 교사는 학생보다 많은 것을 알지만, 많이 아는 것과 잘 가르치는 것은 별개다. 오히려 학생에게서도 배울 수 있다는 열린 자세를 가져야 비로소 교사는 자신의 지식과 폭넓은 식견으로 호기심 어린 학생의 질문에 적합한 답을 해 줄 수 있다.

교사는 학생을 가르치고 학생은 배움을 얻지만, 가끔은 반대로 일어나는 경우가 있다. 가르치기 위해선 꾸준히 새로운 것을 접하고 익히며 배우려는 자세가 필요하다. 그것은 꼭 전문 서적이나 연수와 연찬을 통해서만 아니라 가르치는 학생들의 반응과 태도를 통해 배우기도 한다. 열린 마음으로 교사가 학생을 대할 때 교학상장(敎學相長)도 일어난다.

세 얼간이(3 Idiots, 2009)
감독 : 라지쿠마르 히라니
출연 : 아미르 칸(란초 역), 마드하반(파르한 역), 서먼 조쉬(라주 역), 카리나 카푸르(피아 역), 보만 이라니(비루 총장 역) 외

배움을 실천하는 아이의 능력이
교사의 예상을 능가한다면

 아름다운 세상을 위하여

트레버와 시모넷의 만남은 강렬하다.

중학교에 온 것을 환영한다. 난 사회를 가르친다. 세상으로 나가긴
싫어도 너흰 언젠가 세상으로 나갈 거야. 그래서 미리 세상을 배우는
것이지. 자유가 없는 너희들은 세상에 관심이 없다는 것 안다. 그러
나 언젠가는 자유로워진다. 자유가 생겼는데 그때의 세상이 마음에
안 들면 어떻게 할 것인가?

'세상을 바꿀 아이디어를 내고 실천에 옮길 것'
왓슨 라이언 하이디의 소설 '트레버'를 영화로 만든 〈아름다운 세
상을 위하여〉는 중학생이 된 트레버가 첫 사회 시간에 만난 시모넷

선생님에게 '세상을 바꿀 수 있는 방법이 무엇일까?'라는 숙제를 받고 직접 그 방법을 찾아 실천하면서 큰 반향을 일으킨다는 내용을 담고 있다. 과연, 트레버는 어떤 방법으로 세상을 향해 배움을 실천했을까?

시모넷의 숙제는 아이들이 적극적으로 세상을 배우고, 배운 것을 실천하는 경험을 해보라는 표면적인 이유가 있지만, 아이들이 눈치채지 못하는 숙제의 비밀은 다른 곳에 있다. 숙제는 간단한 듯하면서도 쉽지 않다. 중학생이라고 하지만 사회생활 경험이 없는 아이들은 이와 비슷한 다른 유형의 문제는 어떻게 해결되었는지 책이나 신문등 자료를 찾아야 한다. 그러면서 앞선 사람들의 지식과 경험을 찾아야 문제 해결에 도움이 된다는 것을 배운다. 그걸 원활히 하기 위해선 늘 사전을 곁에 두고 단어를 찾아야 한다. 아무리 좋은 사례가 있어도 단어를 알지 못하면 그 속에 있는 지식과 경험을 익히지 못하기 때문이다. 그래서 시모넷은 단어의 중요성을 강조한다.

시모넷의 이런 수업 방법은 프로젝트 학습의 일종이다. 그것도 세상을 바꿀 아이디어를 실천하라는 과제는 아이의 처지에서 보면 흥미로우면서도 두려운 과제다. 시모넷에게는 가르치는 교사의 주도권을 유지하면서 학생들의 반응을 보며 유연하게 대처하려는 의도가 있다. 시모넷은 세상을 바꿀 아이디어를 평가하려는 것이 아니라 그과정에서 세상을 배우고, 자신의 부족한 점을 찾으며, 그것을 바탕으로 단어와 같은 기본기를 충실히 익히기를 바란 것이다. 지식과 경험을 쌓기 위한 실력, 즉 공부의 기본기를 다지길 원한다. 시모넷이 생각하는 공부의 기본은 단순한 읽고 쓰기가 아니다. '세상을 바꿀 방법'이라는 아주 포괄적이면서도 추상적인 데다 일 년 동안 해야 할 장기 프로젝트를 숙제로 내주면서 그 과정에서 공부의 기본기를 다지길 원한다. 공부의 기본기는 읽고 쓰는 것을 바탕으로 생각하는 힘을 기르는 것이다. 여기까지 보면 시모넷이 다소 파격적인 교수법을 쓰는 것 같지만 표면적 과제, 즉 '세상을 바꿀 방법'이 아닌 학생들이 실제 과제인 '공부의 기본기'에 주력하도록 한다.

> 트레버: 선생님은 무엇으로 세상을 바꿨나요?
> 시모넷: 난 잘 자고, 잘 먹고, 지각하지 않는다. 이젠 네 차례구나.

진지하게 듣던 트레버는 시모넷에게 질문을 한다. 트레버는 시모넷에게 인생의 선배로서 경험을 나눠 받고 싶어 한다. 그 속에서 시모넷만의 특별한 방법도 찾으려 한다. 하지만 시모넷은 얄밉게도 일상의 삶을 늦추지 않고 사는 것이라는 아주 평범한 답으로 흘려버린다. 평범하게 들리는 시모넷의 답에는 대단하고 놀라운 업적도 하루하루 이어지는 일상의 축적에서 나오고, 일상을 충실하게 살아가기 위해선 자기를 조절하는 평범한 능력이 가장 먼저 장착되어야 한다는 의미를 담고 있다. 시모넷은 한눈에 트레버가 범상하지 않은 학생이란 것을 알아챈다.

전 세 사람을 도울 거예요. 도움을 받은 사람은 또 세 사람을 돕습니다. 이들도 또 다른 세 사람을 도우면 9명이 되고, 도움받은 그들이 또 다른 세 사람을 도우면 27명이 됩니다. 이렇게 모든 사람이 서로 도우며 살면 좋은 세상이 될 겁니다.

트레버는 한 명이 세 명씩 돕다 보면 세상이 바뀔 것이란 아이디어를 발표한다. 그러나 시모넷은 트레버의 아이디어에 칭찬은 고사하고 그 아이디어를 생각하면서 알게 된 단어의 뜻을 더 잘 챙기라고 지적한다. 아직 트레버는 시모넷의 의도를 모르고 있다.

트래버는 도움주기가 중요하다고 생각한다. 성실한 트래버는 예전에도 도움주기와 받기를 해봤다. 트래버는 성공한 경험. 즉 도움 주고받기를 하면 세상을 바꿀 수 있을 것이라 여겼다. 그래서 도움주기로 세상을 바꾸겠다는 숙제를 발표했다. 하지만 트래버는 아직 세상이 얼마나 크고 복잡하며 다양한지를 모른다. 대신 세상을 모르기 때문에 도전도 쉽게 한다.

하지만 시모넷은 다르다. 트레버뿐 아니라 모든 학생이 숙제를 해낼 것이라 여기지 않는다. 그 과정에서 좌절하고 실패하더라도 포기하지 않으면 공부의 기본기를 다질 수 있다고 믿는다. 숙제의 실패 자체가 모두 공부의 과정이라 여겼다. 학생들은 모를 뿐이다. 하지만 트레버는 달랐다.

트레버가 시모넷에게 하는 다음 질문은 시모넷뿐 아니라 가르치는 교사라면 매우 유의 깊게 봐야 한다.

트레버: 도움주기에 실패했어요. 맞고 있는 친구를 도울 수가 없었어요.

시모넷: 그건 실패한 것이 아니야. 어쩔 수 없는 거지.

트레버: 세상은 구제 불능인가요?

시모넷: 아니야. 넌 아주 잘하고 있어. 네가 자랑스럽다. 결과가 아닌 과정에 점수를 매길 거야.

트레버: 전 점수에 관심 없어요. 세상이 정말 변하는지 보고 싶어요.

온몸을 던져 숙제를 해결하려고 몸부림치는 트레버를 보며 시모넷은 뭔가 잘못되었다는 것을 느낀다. 그 잘못은 부정적인 것은 아니다. 오히려 예상을 뛰어넘은 트레버의 몰입력에 당황한다. 청출어람을 눈으로 목격한 시모넷은 트레버에게 무엇을 가르칠 것인가? 가르침의 주도권을 쥐고 있던 시모넷은 트레버를 만나 자신이 신봉하는 가르침의 방식이 흔들리는 것을 느낀다.

이제부턴 가르치는 자와 배우는 자의 관계가 바뀌었다. 오히려 교사인 시모넷이 트레버에게 배워야 할 상황이다.

분명 가르칠 내용은 보수적이고 검증 가능한 것이지만, 그것을 배울 학생들이 삶을 살아가며 적용할 수 없다면 죽은 지식을 가르친 것이다. 그래서 교사는 지금 가르치는 것이 아이들이 삶을 살아가는 데 도움이 되길 바란다.

트래버는 수년의 경력을 가진 교사고 자신의 특성에 맞는 가르침의 방식을 터득했다. 아이들의 흥미와 욕망을 적절히 자극할 줄 알고 도전할 만한 과제를 제시할 줄 안다. 제시한 과제에 몰입하는 아이들은 실수와 실패를 하더라도 교사의 도움을 받아 공부의 기본기를 다진다. 이 과정에서 교사는 주도권을 가진다. 아이가 어떤 단계를 거치고 있고, 무슨 과정에서 어려움을 겪으며 어떤 실수와 실패를 할 것인지도 예측한다. 거기다 적당한 위로와 자극을 능수능란하게 구사할 수 있는 대화법까지 갖춘 시모넷은 가르치는 것에 자부심을 느꼈을 것이다.

그러나 가르치다 보면 교사보다 뛰어난 아이를 만날 때가 있다. 교사가 아이를 관찰하는 것처럼 아이도 교사를 관찰한다. 교사보다 뛰어난 아이는 교사도 알아채지 못하거나 감추고 싶은 가르침의 한계를 드러나게 한다.

가르침의 한계는 학생이 교사를 깔보지 않을까 하는 걱정, 학생보다 더 많이 준비하지 못한 자책감, 거기다 뛰어난 아이를 인정하기 어려운 열등감 등으로 나타난다.

트레버가 시모넷의 가르침의 한계를 저격한 것은 아니다. 트레버는 진심을 다해 세상을 바꾸라는 시모넷의 숙제를 진행한다. 트레버의 진정성은 시모넷의 가르치는 방식을 얄팍한 것으로 만들어버렸다. 뜻하지 않았지만 트레버는 교사로서 시모넷이 펼치는 가르침의 한계를 드러나게 한다. 그 과정에 시모넷은 내면의 열등감과 아픈 추억도 떠올린다. 시모넷은 어릴 적 불우한 가정환경을 가졌다. 아버지에게 학대당하고 그 속에서 마음의 상처가 많았다. 공부를 통해 인생의 바른 길을 찾았다고 생각했고, 교사가 되어 과거의 아픔을 묻고 살아간다고 여겼다. 하지만 어릴 적 아픔 때문에 감정이 돌처럼 단단해졌다는 것을 몰랐다. 오히려 자신이 힘든 어린 시절을 거쳤기 때문에 지금의 힘든 학생의 마음을 잘 어루만져주지 않았다.

트레버의 가정환경도 시모넷의 어린 시절을 떠올리게 할 정도로 안 좋았다. 시모넷은 트레버가 이처럼 어려운 여건 속에서 남들을 도와 세상을 바꿀 것이라는 불가능에 가까운 과제에 도전했다는 것을 알게 되었다. 트레버는 가르쳐주고 이끌어주는 교사가 필요했던 것이 아니라, 지켜봐 주고 용기를 주는 성숙한 어른이 필요했던 것이다. 비로소 시모넷은 트레버를 통해 가르치는 자로서 어른의 의미를 깨닫는다.

기자: 도움주기 운동은 많은 사람들에게 영향을 줬습니다. 자랑스러운가요?

트레버: 아니요. 잘 모르겠어요. 전 실패한 것 같아요. 별 성과가 없었어요.

기자: 왜 그렇다고 생각하나요?

트레버: 사람들은 변화에 두려움이 많은 것 같아요. 세상은 생각보다 그렇게 나쁘지 않은데 나쁜 처지에 익숙한 사람들은 바꾸기 어려워해요. 그래서 결국 포기하고 자신에게 지는 거죠.

트레버의 실천은 미국 전역에 엄청난 영향을 줬고, 취재를 하러 온 기자와 인터뷰하는 트레버를 보는 시모넷은 뭔가를 깨닫는다.

익숙한 것을 바꾸기 싫어하여 세상을 바꾸지 못하는 사람이 많아서 실패했다는 트레버의 인터뷰를 시모넷은 곁에서 지켜본다. 익숙한 것에 젖어 있으면서도 아이들에겐 세상을 바꿀 방법을 찾으라고 한 자신이 부끄러워진다. 시모넷에겐 큰 울림으로 다가온다.

단순히 교사는 가르치고 아이는 배운다는 것에서 좀 더 멋진 말로, 좀 더 그럴듯한 방법으로 가르치는 것으로 자신을 포장하려고 했던 것은 시모넷이다. 멋진 교사의 모습을 보여주는 것으로 열등감과 한계를 감추려고 했다. 하지만 온몸으로 세상을 바꾸려는 숙제를 멈추지 않는 트레버는 시모넷이 숨겨왔던 내면의 불안함을 정확히 저격한 것이다. 비로소 시모넷이 한 명의 교사에서 한 명의 어른으로 거듭나는 순간이다.

트레버의 숙제는 이뤄지지 않는다. 안타깝게도 트레버는 친구를 돕다 불의의 사고로 죽음을 맞는다. 세상을 바꾸는 가장 큰 일은 사람을 바꾸는 것이고 그것은 곧 자신이 바뀌어야 한다는 큰 가르침을 남긴 채 트레버는 떠났다. 배운 것을 실천하겠다고 한 트레버의 의지는 많은 사람에게 영향을 줬지만, 무엇보다 시모넷에겐 평생 갚아도 갚지 못할 숙제를 남겼다. 세상을 바꾸려는 트래버의 숙제를 수행해야 할 의무가 생겼다. 열등감과 한계를 가진 자신을 인정하고 위로하며 그것을 바탕으로 미성숙한 아이를 돕는 것이 진정한 교사의 길이자 아이 앞에선 어른이 해야 할 일이란 걸 받아들인다.

배움과 실천은 매우 밀접한 관계다. 배움은 실천이란 현실에서의

적용을 통해 비로소 완결된다. 그러나 실천은 쉽지 않다. 교사는 학생에게 배움을 전수하며 가르침대로 행하길 바란다. 학생 역시 배움을 실천으로 적용해 보지 않으면 공허하기에 학생은 배운 것을 적용해 보고 싶어 한다.

단순하고 응당 그러해야 할 이 과정을 실제 해보면 가르침과 배움은 현실에서 벽을 만난다. 대부분은 실천해 보는 시늉에 그치거나 실패한다. 처음엔 실천으로 성공하는 경험을 얻더라도 단계가 올라가면 실천하더라도 성공하기 어렵다는 사실을 알게 된다. 그러면 학생들은 실천 자체를 어려워하고 결국 포기하는 경우도 생긴다.

배움을 실천해 보려는 학생을 보면 교사는 흐뭇하고 대견하다. 그 과정이 얼마나 어려운지, 무엇을 얼마나 준비해야 하는지 알기 때문이다. 그러나 교사에게 가장 어려운 것은 열정을 가지고 도전하는 학생이 실패나 좌절이 예견됨에도 불구하고 지켜봐야 할 때다. 학생이 평소 수준보다 훨씬 높은 수준을 목표로 도전할 때 교사는 실패를 예견한다. 먼저 말해 줄 수 없다. 학생의 도전 의지를 꺾을 수 없기 때문이다. 준비가 부족하거나 단계를 뛰어넘는 도전에 응원도, 조언도 못해 지켜볼 수밖에 없을 때가 있다. 할 수 있는 것은 실패하는 그 순간까지 학생과 함께 있는 것뿐이다.

그 과정을 함께 해야 할 교사는 과연 어떤 마음일까? 무엇을 어떻게 해야 할지 정해진 매뉴얼과 방법이 없다는 것이 곤혹스럽다. 그럼에도 실패와 좌절하는 아이 곁에서 무언가의 도움을 줘야 하는 것도 교사의 역할이다. 답이 없는 상황을 이끌고, 함께 고민하며 방법을 찾아야 하는 것 자체가 교사에게 주어진 숙제다.

트레버가 죽고 난 뒤 방송되는 인터뷰의 마지막 말을 음미해 본다.

계획대로 되진 않아요. 사람들을 잘 살펴야 돼요. 사람들을 지켜보고 보살펴야 해요. 스스로는 못 하니까요. 사람을 고치는 건 자전거를 고치는 것보다 더 어렵거든요.

아름다운 세상을 위하여(Pay It Forword, 2001)

감독 : 미미 레더

출연 : 케빈 스페이시(유진 시모넷 역), 헬렌 헌트(알린 맥키니 역), 할리 조엘 오스먼트(트레버 맥키니 역) 외

언제든 최악으로
떨어질 수 있다는 두려움

 더 헌트

아이에게도 인기 있고, 부모들과는 친구이며, 지역사회에서 오래 근무한 교사도 한순간에 나락으로 떨어질 수 있다. 덴마크 영화 〈더 헌트〉는 유치원에서 근무하던 한 남자 교사가 5살 여자아이가 내뱉은 한마디 말 때문에 그동안 쌓아놓은 모든 것을 잃어버리고 나락으로 빠져버린 이야기를 다룬다.

　　루카스: 또 싸우시니?

　　클라라: 네.

　　루카스: 선생님이랑 같이 갈까?

　　클라라: 그게 좋을 것 같아요.

루카스는 등원하는 길에 같은 유치원에 다니는 클라라를 발견한다. 클라라의 부모는 부부싸움을 하느라 바쁘고 그들과 친구 사이인 루카스는 저간의 사정을 알고 클라라와 동행을 제안한다. 클라라는 아침에 사춘기 오빠가 보여준 외설적인 영상 때문에 놀라고 불안정한 상태였다. 거기다 싸우는 엄마, 아빠 때문에 속상했는데 평소 잘 챙겨주는 선생님인 루카스가 유치원에 같이 가자고 해서 마음이 풀린다. 루카스는 클라라의 부모 역시 동네 친한 친구고, 친구네 부부 싸움은 일상이었으니, 클라라의 손을 잡고 유치원 가는 것을 별 대수롭지 않게 여겼다. 루카스는 클라라를 돕는 것이 당연했지만, 클라라는 이런 루카스를 선생님 이상으로 좋아했다.

> 루카스: 코트 주머니에 선물을 넣었더구나. 이건 남자 친구에게 주려무나.
> 클라라: 내가 넣은 거 아니에요.
> 루카스: 클라라라고 적혀있는데.
> 클라라: 누가 장난쳤나 봐요.
> 루카스: 그렇구나. 하지만 입술 뽀뽀는 엄마, 아빠에게만 하는 거야.
> 클라라: 제가 한 것 아니에요. 거짓말하지 말아요.

자기의 마음을 전달할 편지를 쓰고, 놀이시간에 기회를 봐서 뽀뽀를 한 클라라를 루카스는 제지한다. 마음이 상한 클라라는 교장에게 루카스가 이상한 걸 보여줬다고 혼잣말하듯 흘린다. 이 말을 들은 교장은 즉시 루카스를 활동에서 배제하고 경찰에 신고하면서 루카스는 한순간에 아동성추행범으로 몰린다.

선생님 고추는 앞으로 뻗어있어요.

클라라의 이 한마디면 충분했다. 루카스의 모든 것이 파괴되었다. 함께 했던 친구들, 다시 말하면 학부모들은 일순간에 등을 돌리고, 마을 주민들은 공공연히 루카스에게 적개심을 표현한다. 루카스는 아무것도 할 수 없다. 아무도 루카스의 말을 믿어주지 않는다. 아니 들으려 하지 않는다.

클라라: 루카스 선생님한테 화났어? 내가 바보 같은 말을 했는데, 이젠 다른 애들까지 이상한 말을 하고 있어.
엄마: 이해하기 힘들겠지만, 넌 그날의 끔찍했던 기억을 네 무의식이 차단한 거야.

클라라는 자기가 한 말과 행동 때문에 루카스가 곤경에 처했다는 것을 어렴풋이 알고 있었다. 그러나 엄마는 루카스가 클라라에게 나쁜 짓을 했다고 믿었다.

왜 믿었을까? 엄마는 클라라의 말을 믿고 루카스를 범죄자로 여겼다. 이제 와서 진술이 번복된다면 부모가 자식을 지키기 위해서 했던 모든 행동이 부정당할 수 있다는 사실이 두려웠다.

진실은 중요하지 않다. 이 파국의 원인은 루카스에게 있고, 모든 잘못은 루카스가 져야 한다고 결론짓는다. 그러고는 클라라가 착각했을 거라고 생각한다. 결국, 루카스는 경찰서에서 조사를 받고, 유치원의 아이들도 조사를 받았다.

루카스는 무혐의로 풀려났다. 아이들은 모두 루카스의 집에 있는 지하실에 대해 말했다. 경찰이 루카스의 집을 수색했지만, 아이들이 묘사한 지하실은 없었다. 그렇다면, 루카스는 예전처럼 돌아갔는가?

아니다. 달라지지 않았다. 아동성추행범이란 꼬리표는 따라다녔다. 일 년이 지나고 오해는 사라져 다시 예전처럼 화기애애하게 사슴사냥을 하던 그때 루카스를 향해 어디선가 날아온 총알은 그것을 증명해 준다. 영화의 마지막 장면은 그래서 더 충격이다.

초등 저학년이나 유치원 등 학년이나 학교급이 내려갈수록 아이와 접촉하는 활동이 많다. 과제분리가 안 된 아이일수록 자기 조절력과 감정의 표현력이 떨어져 현실을 왜곡하는 경우도 많다. 특히, 교사와 관계에서 필요 이상의 감정 표현과 요구로 교사를 곤혹스럽게 하는 경우도 많다.

아이의 처지에서 보면, 교사와 부모는 비슷하면서도 다른 존재다. 아이는 부모든 교사든 자신이 받아야 할 사랑과 관심을 충족하고 싶어 한다. 그러나 부모에 비해 교사는 아이의 사회화를 시키고 돕는 역할을 주로 담당한다. 같은 어른이라도 보다 단호하고 엄격할 필요가 부모보다 많이 요구된다.

그러나 교사는 아이에게 단호하고 엄격하게 하는 방법을 배우지 못하는 경우가 많다. 특히, 아이가 어릴수록 아이니까 좀 더 배려해야 한다는 생각으로 허용의 문의 열고 범위를 넓힌다. 그러다 보면 어느 시점에는 자신이 감당하지 못하는 수준까지 허용하고 있다가 결국은 소진하는 경우가 많다.

경험 많고 노련한 교사는 적절한 선에서 아이와 관계에서 선을 긋는다. 들어줄 것은 들어주지만, 안 되는 것은 단호하게 저지한다. 이런 노하우가 교사끼리 공유되고 사례와 방법을 전수하면 그나마 도움이 되지만, 파편화되고 고립되어 가는 학교 현실은 이런 협력관계의 선순환을 기대하기 어렵다. 그러다 보니 끝까지 아이에게 잘해주려 노력하는 교사가 가장 큰 피해를 본다.

아무리 미숙한 아이라도 학교에 온 순간부터 무엇을 해야 하고, 무엇을 하지 말아야 하는지쯤은 어렴풋이라도 안다. 교사는 좀 더 허용적으로 받아들여 주면 아이가 자신의 지시와 안내를 잘 따를 것이라 여기지만, 간혹 그런 허용을 마음대로 해도 된다는 신호로 받아들이는 아이가 있다. 주로 부모에게 과하게 보호를 받거나 통제받은 아이 중에 이런 성향이 많다.

문제가 더 커지는 순간이 온다. 허용하던 교사가 제지하면 아이는 폭발한다. 특히, 교사가 자기 부모보다 힘이 약하다고 생각하면 부모에게 하지 못하는 말과 행동으로 교사에게 함부로 대한다. 이제 아이는 더 이상 아이가 아니다. 자신의 이득을 위해 과한 표현도 하고 불리한 것은 숨긴다. 필요하면 거짓말도 서슴지 않는다. 나중에 들키면

하지 않았다고 우기거나 기억나지 않는 척하면 된다고 여긴다. 그도 안 되면 울면서 약한 척하는 방법도 쓴다. 이것은 따로 배워서가 아니다. 생존의 방법으로 터득한다.

이런 것이 교사와 학생의 관계에서만 벌어지는 것은 아니다. 교육의 삼주체인 학생과 부모와 교사는 협력체가 되어야 한다고 한다. 원론적으로는 맞다. 그렇다면 현재 교육의 삼주체 중에서 누구의 힘과 영향력이 가장 큰가? 학생을 중심으로 교육을 하자고 하고, 부모의 교육적 참여를 높이고, 교사의 전문성을 향상시켜야 한다고 말한다. 그런데 정작 공교육에서 가장 큰 권한과 책임을 가진 교사의 역할은 점점 기형적으로 변하고 있다. 책임은 무한히 늘어나지만, 권한은 계속 축소된다.

이런 와중에 학교의 문턱을 낮춰서 부모의 교육적 참여를 높여야 한다고 한다. 하지만 부모가 교육에서 권한과 책임을 다 지는 존재인지 묻고 싶다. 적어도 공교육에 있어 기초교육과 기본 태도가 안 된 학생을 지도하기 위해선 부모의 협조가 필요하다. 교육의 주체로서 부모도 교육적 자리매김을 하기 위해선 협조의 주체가 되어야 한다. 협조는 학교 교육을 대상으로 한다. 교사가 교육의 주체로 책임과 권한을 원활히 수행할 수 있도록 부모의 협조가 필요하다. 부모가 이것을 이해하지 못하면 궁극적인 피해는 아이에게 돌아간다. 아이는 학습의 주체다. 부모의 협조와 교사가 하는 가르침의 도움을 받아 성장의 힘과 능력을 길러가야 하는 것이 학습의 주체로서 학생의 의무다.

그러므로 부모의 협조는 교사의 강력한 지도력을 받쳐주는 협조여야 한다. 그래야 기초, 기본이 부족한 아이에게 배움의 길을 열어줄 수 있다.

그러나 현실은 이런 협조를 받기 어렵다. 기초교육이 부진한 아이나, 기본 태도가 부족한 아이를 지도하려는 교사에게 오히려 아이 기 죽인다고 민원을 제기하는 부모가 더 많은 것이 현실이다.

클라라의 진술 하나가 루카스를 나락으로 떨어지게 했다. 아이는 옳고, 아이는 거짓말을 하지 않으며, 아이가 보고 말한 것은 모두 진실이라 믿고 교사와 학교를 공격하면, 대한민국 어느 교사도 학교도 남아나지 않는다. 특히, 교사는 한번 나락으로 떨어지면 다시 회복하기 어렵다. 십 년 이십 년 경력의 교사도 한 번의 잘못으로 교사로서 쌓은 모든 것을 잃을 수 있다면, 누가 아이를 친절하면서도 단호하게 지도할 수 있을까?

교육의 위기다. 신뢰가 사라지면 더욱더 타격을 받는 분야가 교육이다. 신뢰가 사라지면 진정한 위기를 맞는다. 진정한 위기는 대책과 희망이 보이지 않을 때 온다. 과연 지금은 교육의 어떤 위기일까? 교육의 희망과 교육의 절망 속에 대한민국의 학교와 교실은 어디를 향하고 있을까?

학교 현장에서는 지금 매우 심각한 위기감을 느낀다. 왜일까? 클라라의 말 한마디에 교사로서, 한 인간으로서 나락까지 떨어진 루카스의 사례는 그저 영화 속 이야기라고 치부하기에는 현실에서도 유사한 사례가 일어나고 있을 뿐만 아니라 계속 증가하고 있다.

교사들의 불안이 공포로 전이되어가는 것이 무섭다. 이건 교사만의 문제가 아니다. 교육의 가장 중요한 주체로서 교사가 무너지면 그 피해는 오롯이 학생에게 간다. 그때가 되어 부모가 아무리 협력한다고 해도 추세를 되돌릴 수 없다. 분명한 것은 지금 교육 현장에서 발생하고 있는 교육의 위기는 간단하고 단순하게 해결할 수 없는 지경까지 왔다. 그것을 인정해야 한다. 그저 현재로서는 최악이 아니기만 바랄 뿐이다.

더 헌트(The Hunt, 2013)

감독 : 토머스 빈터베르그

출연 : 매즈 미켈슨(루카스 역), 토머스 보라센(테오 역), 수시 울드(그레테 역), 아니카 베데르코프(클라라 역) 외

가르친다는 것은
아이의 마음을 얻는 과정이다

 지상의 별처럼

　학교생활과 공부에 어려움을 겪는 아이를 만난다면 교사는 어떻게 해야 할까? 하려고 하는 의지가 없거나, 변명하거나 핑계를 대며 틈만 나면 교사를 곤혹스럽게 만드는 아이를 만나면 무엇을 해야 할까? 그림에 천부적인 소질이 있는 이샨은 난독증 때문에 정규 교육과정을 따라가지 못한다. 겨우 8살 소년이 감당하기엔 현실은 너무나 힘겹다. 그러다 한 줄기 빛처럼 나타난 니쿰보 선생님을 만난 이샨은 재능을 살리고 배움의 길을 찾아간다. 니쿰보 선생님 역시 어린 시절 난독증으로 고통받았기에 누구보다 이샨의 처지를 잘 이해할 수 있었다. 이샨과 니쿰보 선생님의 감동적인 이야기를 다룬 〈지상의 별처럼〉에서 가르침에 있어 아이의 마음을 읽는 것이 얼마나 중요한지 이유를 찾을 수 있다.

국어교사: 이샨 딴짓하지 말고 집중해야지. 교과서 38쪽을 읽거라.

이샨: (두리번두리번)

국어교사: 옆 친구가 좀 도와줘. 그냥 그 문장을 읽기만 하면 된다.

이샨: 글자들이 춤을 추고 있어요.

국어교사: 웃기려고 하는 거야? 그럼, 그대로 읽어봐. 크고 분명하게 읽어봐.

이샨: !@#%@#$%

국어교사: 교실 밖으로 나가. 내 수업에서 나가란 말이야.

이샨은 확실히 학습에 문제가 있다. 그러나 이샨이 다니는 학교의 교사들은 학습의 문제가 아니라 태도의 문제라고 생각한다. 이것은 이샨의 자존심과 관련이 있다. 이샨은 난독증 때문에 글자를 읽을 수 없다. 글자를 읽을 수 없는 이유를 이샨 자신은 모른다. 자신의 눈엔 글자가 움직이기 때문이다. 교사는 이샨의 상황을 알지 못한다. 이것을 교사의 잘못으로만 여기면 곤란하다. 실제 수업을 하기 싫어서 교묘한 방법으로 방해하는 아이도 있다. 즉 이샨처럼 신체적, 인지적, 정서적 이유로 학습에 장애가 있어 더디거나 부적응 행동을 하는 아이가 있는 반면, 하기 싫어 태만의 방법으로 부적응 행동을 연기하는 아이도 있다. 실제 부적응 아이보다 교사를 속이려고 연기하는 아이가 더 많고, 그 연기에 속은 경험이 많은 교사일수록 수업 부적응 행동에 의심의 눈초리를 가진다.

그렇다고 해도 교사의 인식엔 분명 아쉬움이 있다. 이샨은 학습부진으로 유급을 했고, 그동안 많은 교사가 이샨의 학습부진을 태도의 문제라고 여겼다. 공부를 할 수 있는데 안 한다고 생각한 것이다. 교사들은 하나같이 학습부진의 이유를 이샨의 불성실로 보았고, 불성실한 이샨에겐 엄한 지도가 필요하다고 믿었다. 또 그것을 교정하려는 교사의 지도를 거부하는 이샨을 게으르고 반항심이 높은 아이라고 판단했다. 교장을 비롯한 모든 교직원은 이샨의 학습부진에 다른 요인이 있을 것이라고 생각하거나 찾아보지 않았다. 이 점은 분명히 교사들과 교장의 잘못이다.

결국, 이샨은 학교에서 쫓겨나듯 옮겨 원치 않는 기숙학교를 가게 되고, 거기서 깊은 좌절과 수렁에 빠진다. 온기는 사라지고, 영혼은 병들어간다. 그러다 한 줄기 빛처럼 자유로운 미술 수업을 하는 니쿰브 선생님을 만난다. 니쿰브는 공부를 하려면 먼저 아이들의 마음을 움직여야 한다고 믿는다. 강압적인 교육 환경에서 아이들이 말을 잘 듣는 것 같지만 심적으로는 주눅 든다. 그런 상태로는 진정한 배움이 일어나지 않는다. 아이는 교사를 믿고 따라야 한다. 어떤 형태로든 아이들의 마음을 흔들고 사로잡아야 한다. 강압적인 교사가 아닌 동심을 이해하고 함께하는 어른이라고 믿게 해야 한다. 하지만 피에로 분장으로 노래하고 춤추며 수업하는 것도 마다하지 않는 니쿰브를 바라보는 다른 교사들의 시선은 호의적이지 않다.

영어교사: 수업 시간을 자유롭게 하시더군요. 하지만 교장선생님은 그걸 좋아하지 않을 겁니다.

니쿰브: 미술 시간에 자유롭게 하지 않으면, 어디에서 그럴 수 있겠
어요.

수학교사: 여긴 특수학교가 아니에요. 그 아이들은 희망이 없어요.
여긴 정규학교예요. 아이들에게 경쟁력을 키워야죠.

아이를 이해하지 못하는 교사를 보면 마음이 편치 않다. 하지만 그
런 교사를 보며 화를 내기 전에 교사는 아이를 얼마만큼 이해해야 하
는지 생각해 보는 것이 먼저다. 정확하게 어디까지라고 기준을 정하
기가 어렵다. 그래서 아이를 어디까지 이해해 주어야 하는지는 교사
끼리도 차이가 난다.

분명 학교는 아이의 성장을 위해 존재하는 곳이지만, 교육을 하는
곳이기에 목표도 존재한다. 우리 공교육에도 민주시민 양성을 위한
기초와 기본교육이라는 목표가 있다. 민주시민 양성을 위한 기초와
기본교육이라는 목표 자체가 보편적이고 낮은 수준이라고 해서 지도
가 쉬운 것은 아니다. 특히, 더딤이 있는 아이는 더 그렇다. 더딤의
원인은 다양하다. 원인을 찾고, 그에 맞는 지도 방법을 찾아야 한다.
따라서 더딤이 있는 아이일수록 지도 방법은 다른 아이들과 달라야
한다. 얼마나 어떻게 달라야 하는가?

수준차와 개인차가 있다는 것은 누구나 알고 있다. 그리고 아이
라면 학교에서 기본적이고 기초적인 교육을 받아야 한다는 것도 누
구나 공감한다. 하지만 그 속에 감춰진 과정 안에는 드러내기 꺼리
는 것이 있다. 교사는 아이에 대한 정보를 다 알 수 없다. 특히, 아이

의 신체적, 정서적, 심리적 더딤에 관한 정보는 아이나 부모가 알려주기 전까지는 더욱더 알기 어렵다. 더딤이 있는 아이도 자존심이 있다. 그래서 못하는 것을 인정하려 하지 않는다. 차라리 못하는 것이 아니라 안 하는 것으로 대응한다. 아이에 관한 정보를 모르는 교사는 자존심을 세우기 위해 안 하려는 아이의 행동을 오해한다. 안 하려고 버티는 아이와 가르치는 교사의 줄다리기가 시작된다.

줄다리기는 교사와 아이 간의 작은 전투다. 억압과 달램은 여기에도 적용된다. 회유가 통하지 않을 땐 자존심으로 버티는 아이라면 지도하는 교사는 어느 정도 압박을 쓴다. 가르침에서 압박은 허용과 반대 개념이지만, 카드의 양면처럼 불가분의 관계다. 허용과 압박은 양팔저울 양 끝단에 존재하며 어느 한쪽이 기울어지지 않도록 중심축을 기준으로 조절해 가며 써야 한다. 허용이 많아지려면 압박이 적어야 한다. 이건 아이도 교사도 모두 원하는 상황이다. 그러나 아이가 교사의 가르침을 거부하면 허용은 적어지고 압박은 강화된다. 아이의 처지에서 보자. 아이는 허용을 원하고 압박은 거부한다. 가르침과 배움 사이에 주도권 싸움이 일어난다. 주도권 싸움은 필연적이며 그 기간은 아이가 교사의 주도권을 받아들이느냐 아니냐에 따라 결정된다. 허용과 압박은 교사가 결정한다는 사실을 아이가 받아들일 때, 교사는 비로소 아이에게 허용과 압박의 범위를 정한다.

허용할 때보다 압박할 때 더욱더 큰 전문성이 필요하다. 아이의 욕망과 불안을 파악하고, 특히 더딤이 있다면 더 세심한 관찰이 필요하다. 무엇 때문에 더딤이 생겼는지, 더딤의 어느 단계에 있는지, 더딤이 있는 아이가 무엇을 원하고 무엇을 두려워하는지 파악해야 한다. 파악이 끝난 뒤에는 교사가 허용할 수 있는 최대치까지 허용해야 한다. 허용할 만큼 허용한 후에 비로소 압박이란 카드를 꺼낸다. 교사가 압박을 쓰기 위해선 아이의 자발적 동의가 필요하다. 더딤이 있는 아이가 '자존심으로 버티기'를 쓰면, 교사에 대한 신뢰 형성이 더 어렵다. 그래서 압박을 쓰기 전에 좀 더 세심하게 아이의 마음을 읽고 얻는 과정이 필요하다. 이것은 아이가 교사를 믿게 하는 데 반드시 필요하다. 더딤이 있는 아이는 보통의 아이보다 교사를 믿게 만드는 데 공력이 몇 배가 더 필요한데 부모의 도움이 없으면 거의 불가능에 가깝다.

난독증이 있는 이샨을 도우려는 니쿰브를 보자. 니쿰브가 이샨을 가르치는 데 압박은 보이지 않는다. 여기서 압박이란 교육적 행위다. 물리적인 힘으로 누르거나 권력으로 누르는 것이 아니다. 그렇게 단순하지 않다. 니쿰브는 이샨의 마음을 얻어 신뢰를 쌓았다. 신뢰는 권위가 되었고, 권위는 겉으로 보이는 압박으로 표현하지 않아도 될 만큼 충분했다. 그래서 표면적인 압박은 보이지 않지만, 이샨이 하지 않으려고 하거나 퇴보하려고 했다면 니쿰브도 압박이란 카드를 썼을 것이다. 압박은 칼과 같다. 칼이 가장 두려울 때는 칼집에 꽂혀있을 때다.

그렇다면 이샨의 마음을 얻기 위해 니쿰브가 한 행동을 살펴보자. 교사가 허용적 태도를 보인다고 해서 곧바로 아이가 마음을 여는 것은 아니다. 아이가 교사의 권위를 인정하고 수용하며 가르침을 배움으로 연결하는 과정은 매우 정교하고 복잡하며 한두 번의 성공적 경험이 아닌 성공과 실패의 과정이 꾸준히 연속되며 진행된다.

첫 번째로 관찰하고 정보를 수집한다. 이샨의 무기력한 모습을 충분히 관찰한 니쿰브는 미술이 아닌 다른 학습 상황에서 어떤 더딤이 있는지 찾는다. 그중 이샨과 친한 친구를 찾아 이샨의 행동에 어떤 특이점이 있는지 살핀다. 특정 단어와 숫자를 인식하지 못해 어려움을 겪는 것을 발견한다. 보통의 교사도 이 정도는 한다.

두 번째는 고민한다. 니쿰브의 고민은 '제대로 지도할 것인가, 아니면 적당히 지도할 것인가'이다. 영화에서는 아름답게 그려지고있지만, 실제 노련한 교사라면 이 부분을 가장 깊이 고민한다. 그만큼 더딤이 있는 아이를 깊이 지도하는 것은 정말 쉽지 않다. 지도한다고 성과가 나타난다는 보장은 적고, 지도하기 위해 부모를 설득하고 아이에게 맞는 지도법을 찾는 것도 보통 어려운 것이 아니기 때문이다. 그렇다고 적당히 지도한다고 해서 아이를 내버려두는 것은 아니다. 대신 최선을 다해 지도하는 것은 아니기 때문에 가르치는 교사도 만족하지 않는다. 제대로 지도를 하든, 적당히 지도를 하던 교사가 아닌 남들은 알 수 없다. 오직 교사 자신만 고민할 뿐이다.

말을 물가로 끌고 갈 수는 있어도 마시게 할 수는 없다. 이는 더딤이 있는 아이를 지도하는 데도 적용된다. 니쿰브는 미술 교사다. 누구보다 자유롭게 지도하기 때문에 아이들에게 인기가 많다. 그것은 대부분의 아이가 니쿰브를 신뢰한다는 뜻이다. 다른 아이들은 잘 따르는 좋은 방법이 이산에겐 통하지 않는다고 해서 잘못된 방법이라 할 수 없다. 오히려 충분히 기회를 줬지만, 이산이 포기해서 배우지 못했음을 다 알고 있기 때문에 죄책감도 덜 수 있다. 하지만 실제 가르치는 교사는 무기력한 아이를 보며 그냥 내버려두는 것에 큰 부담을 느낀다. 이건 가르치는 자로서 가지는 양심의 문제다. 아이는 무기력하게 있지만 그 무기력 속에 얼마나 큰 고통이 있는지 알고 있는 교사는 더 큰 마음의 고통을 느낀다.

세 번째는 설득한다. 고민의 과정이 끝나면 설득한다. 먼저, 부모를 설득한다. 더딤이 있는 아이일 경우 부모가 인정하지 않으면 정말 어렵다. 이산의 경우는 더 하다. 게으르고, 투정 부리고, 버릇없는 아이라 여기는 부모는 태도의 문제가 아니라 인지나 뇌 기능 등 다른 요인에 의한 것이라 말하는 니쿰브를 이해하지 못한다. 왜일까? 두렵기 때문이다. 태도의 문제는 혼내서 고치면 되지만, 인지나 뇌의 문제라면 아이 자체에 문제가 있음을 인정해야 하는 두려움에 사로잡혔기 때문이다.

있는 그대로 아이를 바라보지 못하는 부모를 설득하는 것은 무엇보다 어렵다. 특히, 자녀의 신체나 정서, 인지의 장애를 인정하기까지 부모는 엄청난 충격을 감내해야 한다. 교사가 알려주는 자녀의 정보를 듣고 부모는 자녀의 상황을 모르고 있다고 질책하는 것처럼 들려 오히려 교사를 불신하기까지 한다. 니쿰브는 이산이 처한 현재의 모습을 받아들이려 하지 않는 부모에게 정면으로 맞선다. 이산의 상태를 인정하고 받아들이고 그에 맞는 방법을 찾아야 한다고 강하게 압박한다.

네 번째는 이샨에게 자신을 열어 보인다. 앞의 과정을 다 하고 난 뒤, 비로소 이샨에게 자신도 어린 시절 아픔이 있었다는 것을 알린다. 정보를 수집하고, 고민하며, 부모를 설득한 후 아이에게 자신을 열어 보이는 일련의 과정을 자연스럽게 연출하는 니쿰보의 지도법은 감탄이 나온다.

이샨의 마음을 얻기까지 니쿰브의 시선으로 보면 지난한 과정이다. 니쿰브가 이샨을 포기하지 않고 가르치는 힘을 잃지 않게 한 것은 무엇이었을까? 니쿰브는 불신하는 교장과 교직원들도 설득하고 이샨에게 맞는 교수 방법도 구안한다. 정말 대단한 교사다. 그렇다고 해서 대한민국 교사가 니쿰브를 본받으라고 할 수 없다. 적어도 더딤이 필요한 아이를 제대로 진단하고 지도할 권한과 자율권이 없는 것이 지금의 교육 현실이기 때문이다.

더딤이 있는 아이를 제대로 지도하지 못한다고 교사를 질책하는 것은 위험하다. 적어도 더딤이 있는 아이를 파악하고, 진단하고 조치할 수 있는 권한을 교사가 가져야 한다. 전문적 진단을 위해 의학적 · 심리적 검사와 소견을 받을 수 있는 절차와 예산이 있어야 하고, 파악과 진단을 거부하고 받아들이려 하지 않는 부모를 강제할 수 있어야 한다. 이런 조건 없이 개별 교사의 자질과 양심의 문제로 귀결해 버리면, 더딤이 있는 아이를 교육하는 것과 관련한 문제의 근본적인 해결책을 얻을 수 없다. 니쿰보 교사는 분명 훌륭하다. 하지만 현실은 다르다. 더딤을 극복할 수 있도록 가르치고 지도해야 하는 교사는 영화처럼 아름답게 되지 않는 것이 대부분인 현실에 씁쓸해진다. 그러면서도 더딤이 있는 아이를 버려두고 갈 수 없다는 현실적인 고민에 빠진다.

그럼에도 〈지상의 별처럼〉에서 보여주는 교사 니쿰브와 이샨의 관계는 시사점이 크다. 가르친다는 것은 좋은 교재와 학습법으로만 이뤄지는 것이 아니다. 가르치는 활동은 배우려는 학생의 의지와 태도에 따라 결과가 달라진다. 또한, 배움에 있어 의지와 태도는 학생의 마음가짐에 영향을 받는다. 교사는 학생이 배우려는 마음을 가질 수 있도록 조력해야 하고, 공부에 방해되는 학생의 부정적인 마음이 없는지 살피는 것이 무엇보다 선행되어야 한다. 훌륭한 교사는 아이의 마음을 잘 읽을 수 있어야 한다.

지상의 별처럼(Like Stars on Earth, 2007)
감독 : 아미르 칸, 아몰 굽테
출연 : 다실 사페리(이샨 아와스티 역), 아미르 칸(니쿰브 역), 디스카 초프라(마야 아와스티 역), 비핀 샤르마(나드키쇼어 아와스티 역) 외

솔로몬 섬에서는 부족민들이 농지를 만들기 위해

숲을 개간해야 할 때 나무를 자르지 않는대요.

그저 모여서 숲을 빙 둘러싸고 나무에다 욕설만 퍼붓는대요.

나무를 저주하는 거죠.

차츰차츰 그러나 분명히 며칠 뒤에는 나무가 고사하기 시작한대요.

스스로 죽는 거죠.

영화 〈지상의 별처럼〉 중에서

마음을 흔드는 것이
삶의 방향을 바꾼다

 모나리자 스마일

    1950년대 미국 동부 뉴잉글랜드의 명문 여대인 웨슬리의 가을 학기에 부푼 꿈을 안고 새로운 미술사 교수인 캐서린 왓슨이 부임한다. 보수적인 학교 분위기 속에서 똑똑하지만 시대에 순응하며 살아가려 하는 학생들에게 세상을 보는 시각을 전하는 수업을 하려는 왓슨은 소용돌이를 몰고 온다. 물질적으로 풍요로운 시대였지만, 가부장적인 전통이 강했던 당시 사회 분위기 속에서 왓슨과 그의 학생들은 서로 영향을 주고받으며, 결국 자신이 원하는 것이 무엇인지 찾아간다. 미술의 자유로움과 그 속에 녹아있는 창조적인 영감을 통해 삶의 방향을 바꾸려고 했던 왓슨과 학생들의 이야기를 다룬 〈모나리자 스마일〉은 교사와 학생이 어떤 계기를 통해 삶의 방향을 바꾸는지 엿볼 수 있다.

조심해요. 얕보이면 밟혀요.

보건교사 아만다는 첫 수업을 위해 강의실로 들어가는 왓슨에게 짧은 충고를 한다. 하지만 수업 시작 후 모든 것은 순조롭다. 학교에서 정해준 교육과정에 따라 미술사 수업을 준비한 왓슨은 고대 미술 작품을 하나하나 슬라이드로 보여주며 작품의 의미와 미술사적 가치를 말해주려 한다. 그런데 학생들의 태도가 심상치 않다. 학생들은 이미 교재를 거의 다 외운 상태다. 그러니 왓슨이 준비한 모든 작품 슬라이드에 대한 평을 다 해버린다. 최고의 명문대라는 자부심에 가득 찬 학생들은 왓슨의 첫 수업에서 자신들의 실력을 뽐낸 것이다.

학생들의 기강을 잡으세요.

첫 수업을 참관한 학장은 왓슨의 모든 것이 마음에 들지 않는다. 내정해 둔 교수가 사정이 생겨 어쩔 수 없이 왓슨을 뽑았지만, 명문 학교에 맞지 않는 학벌과 고분고분하지 않은 태도가 못마땅했다. 당시 논란이 있던 피카소나 난해하다고 치부한 잭슨 폴록의 작품을 학생들에게 소개하는 것은 고귀한 현모양처를 양성해야 하는 학교의 방침에 어긋난다고 여겼다. 똑똑하지만 틀에 갇힌 학생들과 배척하는 학장과 호의롭지 않은 교직원들 가운데서 왓슨은 현실에 순응할 것인지, 제 뜻을 가르침으로 펼 것인지 고민한다.

왓슨의 존재는 학생들에게 영향을 주기 시작했다. 자유분방하지만 학교가 요구하는 틀 안에서 빈틈을 찾아 쏠쏠한 즐거움을 누리던 지 첼에게도, 똑똑했지만 원하는 법대보다는 결혼을 택한 조안에게도, 밝지만 자신의 감정을 솔직하게 표현하길 주저했던 코니에게도 영향을 준다.

하지만 누구보다 웨슬리가 추구하는 이상에 가장 부합하는 학생이라고 자부하는 베티는 이상한 가르침을 주는 왓슨의 수업이 학교와 자신이 추구하는 이상적인 교육을 훼손한다고 생각하여 위험하다고 여긴다.

베티는 진정 여성이 해야 할 일은 가정을 굳건히 지키며 아이를 낳는 것인데, 왓슨 교수의 급진적인 수업은 여성의 타고난 역할을 위협한다는 취지의 글을 대학신문에 기고한다. 분노한 왓슨은 현실에 순응하려는 학생들의 생각이 얼마나 어리석고 위험한 것인지 고래고래 소리치는 것이 아니라 당시 여성들이 나오는 몇 장의 광고에 담긴 의미가 무엇인지 밝히며, 거대한 현실의 벽에 좌절하는 자신의 심정을 드러낸다.

이것은 현대미술이다. 미래의 학자들이 우리를 알기 위해 뭘 연구하겠니? 바로 이거야. 현모양처의 산실인 웨슬리의 졸업생들 바로 너희들의 초상이지. 이 여잔 남편 셔츠를 다리며 시라도 읊고 있을까? 너희가 공부한 물리학이 고기 근수 계산에 유용하게 쓰이겠지. 이게 무슨 뜻이야? 이 나라에서 가장 똑똑한 여성들한테 내가 도전하려 했다니. 내가 실수했다.

단 몇 장의 광고 사진으로 베티가 쓴 기고를 반박하는 그 수업에서 학생들의 마음속에 무언가 뜨거운 것이 차오른다. 베티 역시 자신의 진정한 삶이 무엇인지 모르고 있었다. 무엇을 원하는지, 어떻게 해야 하는지 모른다. 단지 자신은 명문 웨슬리 대학에 들어왔고, 대학에서 추구하는 가치가 자신의 가치라고 믿었다. 그리고 자신은 누구보다 영리하고 똑똑하기에 세상이 정한 기준과 가치를 잘 따라 할 수 있으며, 그것이 성공의 표본이라고 믿었다. 오히려 세상이 정한 옳음에 대한 기준을 의심해 보라고 하는 왓슨을 경계할 뿐이다.

왜 경계하는가? 원하는 삶을 살고 싶은 마음은 베티도 가지고 있다. 그러나 자신의 삶을 개척하는 것이 얼마나 어렵고 힘든지도 알고 있다. 현실에 순응하며 사는 것이 마음속으로는 내키지 않지만, 다들 그렇게 살고, 그 이외의 삶을 꿈꾸는 것 자체로 비난받는 사회라면, 사회가 정한 규칙을 잘 따르고 잘 적응하는 것이 인생을 잘 사는 방법이라 믿어왔다. 그렇게 시대를 따르고 순응하는 것이 능력이라 여긴 베티에게 왓슨 교수의 존재는 위협으로 다가왔다.

가르치는 자는 인정받는 것과 존중받는 것을 구분해야 한다. 이 둘은 비슷한 듯하면서도 결이 다르다. 인정은 확실히 그렇다고 여기는 것으로 가르침에 있어 그 당시 사회적 기준을 따르는 것이다. 존중에는 가르치는 내용뿐 아니라 그 속에 담긴 가르치는 자의 의견과 뜻을 높이 평가하고 귀중하게 대한다는 뜻이 담겨있다. 인정받는 내용을 가르친다고 해서 배우는 자의 존중까지 담보할 수 없다. 인정받는 내용은 틀린 것은 아닐 수 있어도 적어도 배우는 자의 마음을 움직이려면 무언가가 더 필요하다.

당대에는 인정받는 내용이라도 후대에는 그렇지 않은 것이 있고, 그 반대로 당대에는 인정받지 못하더라도 후대에는 인정받는 것이 있다. 전자는 현모양처를 이상형으로 여성의 역할을 규정한 당시의 광고 문구이고, 후자는 불우한 생활 속에 살아생전 한 장의 그림도 팔지 못했지만, 후대에 많은 영향을 끼친 화가는 고흐이다.

왓슨은 존재 자체가 웨슬리 대학과 학생들에게 불편함과 이질감, 호기심과 경계심을 동시에 일어나게 한다. 왓슨은 당대에 인정받는 것을 중심으로 가르치지 않는다. 그러면서도 가르치는 내용은 그 시대를 앞서나가는 것이라 당장 배우는 학생뿐 아니라 동료에게 조차 그 가치를 존중받기 어려운 상황이다. 왓슨이 미술사 수업으로 보여주는 것은 단순히 미술에 대한 것은 아니었다. 신의 속박에서 벗어나 인간의 자유의지를 표현하려 했던 미술가와 작품을 통해 세상의 이면을 알리려고 했다. 학생들은 왓슨의 수업을 들으며 당시 시대상을 반영한 현모양처의 여성상을 의심해 보라는 메시지에 불편함과 이질감을 느꼈다. 그러면서도 학생들이 보기에 왓슨은 멋있었다. 그래서 왓슨이 기존의 사회적 편견을 비판하며 새로운 여성상을 말하려고 하는 것에 호기심을 느꼈다. 학생들은 똑똑했다. 하지만 보수적이었다. 자부심이 큰 만큼 왓슨의 생각을 받아들이기엔 잃을 것이 많다. 그래서 경계심을 가지고 대한다.

왓슨은 믿는 것이 있다. 공산주의자로 몰려 비난받지만 피카소의 새로운 시도가 많은 예술가에게 영감을 주고 있고, 난해해 보이는 잭슨 폴록의 그림에 새로운 예술적 시도가 담겨있다고 믿는다. 왓슨은 피카소와 잭슨 폴록의 그림에서 무엇을 보았을까? 남성과 여성의 한계를 규정하고 역할을 나누며 시대에 순응하라는 당시의 여성교육은 잘못이라는 것을 피카소와 잭슨 폴록의 그림으로 설명하려 했다. 사실 피카소와 잭슨 폴록의 작품이 여성해방을 그리고 있지 않다. 하지만 사회가 규정한 인식과 규범을 의심하고 기존의 방법이 아닌 창의적이고 혁신적인 방법으로 표현하는 것 자체가 의식의 틀을 깨는 것이었다. 그들의 예술적 시도는 인간의 자유의지를 중요하게 생각했고, 그것은 다시 자기 자신에 대한 깨달음을 촉진하는 매개체가 되었다. 미술사를 전공한 왓슨은 현대미술의 작가를 통해 시대를 관통하면서도 인식을 초월하는 경험을 학생들에게 주고 싶었던 것이다.

아는 것, 아는 것을 믿는 것, 믿는 것을 실천하는 것은 단계를 거쳐 갈수록 더 어렵다. 왓슨은 자신이 믿는 것을 수업으로 실천한다. 왓슨의 실천은 필연적으로 그 사회를 유지하는 질서에 대한 도전으로 여겨져공격을 받는다. 왓슨이 보여주는 실천이 어떤 의미인지 오히려 학생들은 잘 안다. 세상이 주는 편견은 무섭다. 당연하다고 생각하는 것을 따르지 않고, 모든 사람이 믿고 있는 것이 잘못되었다고 말하는 것은 큰 용기지만, 그것을 주장하는 자신 이외의 모든 사람에게 이상한 사람으로 평가받는 것을 피할 수 없다. 마치 외눈박이 나라에서 두눈박이로 살아야 하는 것과 같이 두눈박이란 이유로 외눈박이 사회에서 받는 평가가 곧 편견과 차별로 이어지는 일방적이고 거대한 벽과 같다. 당연하다고 생각하는 편견에 도전하는 것은 그래서 어렵다.

학생들 역시 똑똑하기에 누가 설명해 주지 않아도 얼마나 힘들고 어려운 것인지 알고 있다. 분명 학생들도 어린 시절 스스로 무엇을 해보려고 할 때 여성이기에 제약당한 경험이 있었을 것이다. 혼자 힘으론 도저히 바꿀 수 없다는 것도 안다. 체제에 순응한 소수의 여성에게 주는 안락함을 선택할 것인지, 아니면 바꾸기 위해 도전할 것인지 선택의 기로에서 안락함을 택했던 것이다. 그러나 여성이 아닌 인간으로서 자유의지를 찾으라는 왓슨의 가르침을 외면할 수 없기에 왓슨의 일거수일투족은 학생들의 관찰 대상이 된다.

학생들은 왓슨을 통해 옳은 것과 익숙한 것을 구분하게 된다. 구분으로 그치지 않는다. 구분은 시작이며, 옳은 것을 선택했을 때 무엇을 잃고, 무엇을 견뎌야 하는지 왓슨의 삶을 지켜보는 것으로 배웠다. 그것은 왓슨이 직접 가르치는 것이 아니다.

왓슨의 삶을 보자. 똑똑한 학생이었던 왓슨은 당시 시대가 규정한 여성의 삶을 사는 것을 거부했다. 그렇다고 해서 적극적인 여성인권 운동가로 살았다는 것은 아니다. 남녀가 불평등한 당시 사회에서 적어도 여성이 아닌 인간으로서 가치를 인정받으려 했고 인간으로서 자신의 존엄을 지키려 했다. 그런 삶은 왓슨에게 '익숙한 것에 매몰될 것인가? 옳은 것을 믿고 선택할 것인가?' 하는 갈림길에 서게 했다.

왓슨은 늘 익숙한 것을 거부하고 옳은 것을 선택했다. 순응이 아닌 신념과 양심을 선택한 그녀에게 따라오는 것은 비난, 편견, 조롱, 무시의 아픔이었다. 하지만 왓슨은 그토록 똑똑한 웨슬리 대학의 여학생들도 너무나 자연스럽게 체제에 순응하여 그 보상에 만족하는 삶을 살면서도 의심조차 하지 않는다는 것이 더 아팠다.

진정한 배움이 되기 위해선 배움이 실천으로 나타나야 한다. 실천이 중요하다는 것은 누구나 알고 있지만, 누구나 실천하는 것은 아니다. 알고 있더라도 대부문 실천을 미룬다. 어쩌면 실천은 관념 속에서 존재하는지도 모른다. 하지만 삶의 방향을 바꿔야 할 절박한 순간엔 대안이 없어 실천하는 경우도 있다. 실천으로 삶의 방향을 바꾸면 이제부턴 의미가 달라진다. 실천은 관념이 아닌 현실이 된다. 실천은 배우는 자의 마음이 흔들려야 할 수 있는 일이다. 가르침과 배움을 통해 삶의 방향을 바꾸는 실천이 되기 위해선, 그 자체가 옳은 것을 추구해야 가능하다.

난 웨슬리 대학이 원하는 우수한 학생이라고 여겼다. 하지만 웨슬리가 원하는 삶을 사는 것이 행복하지 않았다. 난 내 삶을 기만하고 싶지 않았다. 내 스승 캐서린 왓슨은 자신의 길을 고집하며 타협하지 않았다. 나의 마지막 사설은 우리에게 새로운 세상을 보여줬던 아주 특별한 여성에게 바친다.

가장 격렬하게 대립했던 베티는 글로써 왓슨에 대한 빛을 갚는다.

왓슨의 삶과 가르침을 통해 자기 내면을 들여다보며 삶의 방향을 돌려 잡는다. 옳은 것을 추구한다고 해서 그 과정이 아름다운 것은 아니다. 결과가 다 좋은 것도 아니다. 하지만 가르치는 자는 '익숙한 것을 가르치며 평범하게 살 것인가? 옳은 것을 가르치며 가치 있게 살 것인가?'를 끊임없이 질문해야 한다. 그런 점에서 근본적인 어려움이 있다.

가르치는 자는 늘 갈등한다.
나는 지금 잘 가르치고 있는가?
나는 지금 옳은 것을 가르치고 있는가?
나는 지금 아이들의 마음을 읽고 있는가?
나는 지금 아이들에게 어떤 모습으로 가르치고 있는가?

오늘도 갈등의 질문은 이어진다. 교사로서 학생들을 바라보고 가르칠 때 이 질문은 끊임없이 계속된다. 난 이 질문의 답을 구하지 못하는 것이 두렵지 않다. 답을 알고 있어서가 아니다. 무엇이 옳은지 고민하는 교사와 옳은 것을 배우려고 하는 학생이 함께 하면서 답을 찾아간다. 그것이 성장이고 그 과정이 공부다.

내가 가장 두려운 것은 현실에 매몰되어 이런 질문 자체를 스스로 하지 않는 것이다. 누가 정한지도 모르는 세상의 규칙과 규범 그리고 인식을 의심 없이 학생에게 주입하는 교사가 되고 싶지 않다. 그래서 고민은 더 깊어진다. 나는 지금 어떤 삶을 살고 있는지. 〈모나리자 스마일)의 왓슨 교수의 삶은 나에게 질문한다. 교사로서 적당한 익숙함에 젖어 있는가? 아니면 현실에 매몰되지 않기 위해 끊임없이 옳은 것을 찾고 있는가?

모나리자 스마일(Mona Lisa Smile, 2004)

감독 : 마이크 뉴웰

출연 : 줄리아 로버츠(캐서린 왓슨 역), 커스틴 던스트(베티 워렌스 역), 줄리아 스타일즈
(조안 브랜드윈 역), 매기 질렌할(지첼 레비 열) 외

가르침 속에 내재된
채찍질

아이를 가르친다는 것에는 지식과 기능의 전달만 있는 것이 아니다. 그 속에는 배우는 아이가 가르치는 선생에 대한 믿음과 신뢰를 깔고 있어야 한다. 배우는 아이의 처지에서 보면, 아무에게나 믿음과 신뢰를 주기 어렵다. 그래서 처음에는 서로 믿음과 신뢰를 주기 위해 적응 과정을 가진다.

다음 세 가지의 조건이 충족되면 배우려는 아이가 가르치는 선생에게 완전히 몰입한다.

첫 번째는 선생이 그 분야에 독보적인 존재이고,

두 번째는 그 분야는 일반인은 잘 알지 못하며,

세 번째는 배우려는 아이가 가르치는 선생에게 절대적인 신뢰가 있어야 한다.

이 세 가지 조건이 충족되는 상황이라면, 가르치는 선생은 적어도 배우려는 아이에게 신처럼 느껴진다.

최고의 지휘자이자 최악의 폭군인 플레쳐 교수와 최고가 되기 위해 자신을 한계까지 몰아붙이는 학생 앤드류 사이에 벌어지는 폭력적인 가르침과 배움의 관계를 다룬 영화 〈위플래쉬〉를 통해 가르침 속에 들어있는 폭력성을 들여다보려 한다.

가르침에 폭력성이 들어있다는 것을 받아들이기 어렵다. 폭력은 거칠게 상대를 제압하는 물리적인 힘을 지칭하지만, 폭력성은 폭력이 담긴 성질을 뜻한다. 교사의 가르침과 아이의 배움엔 수평적인 관계만 있는 것이 아니다. 가르침과 배움 사이엔 분명 위계도 존재한다. 위계가 있는 가르침과 배움이라면 그 속에 폭력성이 없다고 할 수 없다. 가르침과 배움은 단독으로 존재하지 않는다. 그래서 교학상장(敎學相長)을 추구한다. 가르침과 배움 사이에서 서로 성장하려면 상호간의 존중이 반드시 필요하다. 가르침과 배움에 상호존중이 기반되어야 한다고 하면서 그 속에 폭력성을 말하는 것이 이율배반적이라 생각할 수 있다. 좀 더 들여다보면 배움보다는 가르침에 폭력성이 내포되어 있다. 물론, 가르침의 대부분이 폭력적이란 것은 아니다. 하지만 폭력성을 제거하고 가르침의 본질을 다 설명하지 못한다.

배움의 단계에서 필연적으로 겪어야 하는 숙성의 과정을 생각해 볼 필요가 있다. 숙성의 과정은 배운 것을 몸에 체득하는 시기다. 배웠다고 다 아는 것은 아니다. 배운 것을 아는 것으로 완벽하게 이해하기 위해서는 연습과 단련을 계속하며 숙련해야 한다. 숙련은 성과가 나올 때까지 지루하고 반복적인 활동이 주를 이룬다. 이 모든 것을 숙성의 과정이라 한다. 숙성의 과정이 중요하면서도 어려운 이유는 언제 성과가 나올지 아무도 모르기 때문이다. 배우는 아이는 노력에 대한 성과가 나오지 않기 때문에 지루해하고, 어려워 포기하려 한다. 한계에 도달했을 때도 포기하려 한다. 하려는 의지가 있더라도 그것을 유지하는 것은 보통 어려운 일이 아니다.

강하게 압박할 것인지, 부드럽게 타이를 것인지에 관한 이야기를 했던 영화 〈리멤버 타이탄〉에서 말했던 기합(氣合)의 의미를 떠올리면 가르침에 내포된 폭력성을 이해하기 쉽다. 아이를 포기하지 않게 하기 위해, 도약하기 위해, 극한의 한계를 뛰어넘기 위해 쓰는 기합에도 폭력성은 있다.

플레쳐 : 음이 안 맞는 것 같지?
트롬본 : 네.
플레쳐 : 그럼 진작 자수했어야지. 뭘 꾸물거려 빨리 나가.

플레쳐는 연주하다 갑자기 틀린 음이 나왔다고 말하고, 누군지 자수하라고 한다. 아무도 없자 한 파트씩 점검하다 트롬본이 틀렸다고 말하며 인정하라고 한다. 겁먹은 트롬본 연주자가 자신이 틀렸다고 자백하자마자 플레쳐는 가차 없이 쫓아낸다.

플레쳐가 이끄는 밴드의 밴드는 음악적인 완성도 못지 않게 엄청난 군기를 뿜어낸다. 연습 시간이 임박하자 군대보다 더한 규율과 얼음 장 같은 분위기 속에 플레쳐는 무소불위의 권력을 가진 신과 같이 모 든 연주자 위에 군림한다.

사실 음정을 틀린 것은 트롬본이 아니라 색소폰이다. 자기 음이 맞나 안 맞나 모르는 것도 잘못이다.

플레쳐는 조금 전 광기는 어디 가고, 마치 게임을 했다는 듯 아무 렇지도 않게 말한다. 겨우 음 이탈을 한 것으로 연주자를 탈락시키는 것도 가혹하다, 하물며 트롬본 연주자는 음 이탈을 하지도 않았다. 틀리지도 않은 연주자를 압박해서 틀렸다고 몰아가며 지휘자의 압박 을 못 이긴 것은 연주자의 자질이 없다고 말하는 플레쳐는 상상 이상 의 포악성을 보여준다. 죄가 없으면 죄를 만들어서라도 벌을 주는 폭 군이다.

플레쳐는 차원이 다른 정신이상자가 아닐까 하는 의심이 드는 장면 은 따로 있다. 플레쳐가 단원들에게 포악성을 보여준 뒤 앤드류와 단 둘이 대화하는 모습에서 찾을 수 있다. 연습을 마치고 복도에서 앤드 류의 가정환경을 묻는 플레쳐는 세상 어디에도 없는 자상한 태도로 앤드류를 대한다. 위대한 뮤지션의 이야기를 들려주며 앤드류에게 용기를 준다.

편하게 해. 너도 그렇게 자격이 충분해. 그렇게 생각하지? 복창해 봐. 난 자격이 충분하다.

사실 앤드류는 능력이 부족한 자신을 밴드부원으로 뽑아준 플레쳐에게 마음을 뺏겼다. 엄청나게 무서운 사람이지만, 자신의 잠재력을 알아봐 준 플레쳐에게 오히려 고마워하고 있다. 그의 기대에 부응하기 위해 열심히 할 것이라 다짐한다. 그리고 앤드류는 플레쳐를 이해하려고 노력한다. 플레쳐가 몰아붙이는 것은 잘되라고 하는 격려를 과하게 하는 것이고, 그것에 부응하지 못하는 것은 자신이 능력이 없는 것이며, 능력 없음을 인정하기 싫다면 죽기를 각오하고 노력해야 한다고 앤드류는 자신을 몰아붙인다.

나는 플레쳐의 가르치는 방식에는 동의하지 않는다. 플레쳐는 템포의 차이를 이해하지 못하는 앤드류에게 뺨을 때려가며 박자를 알려주고, 앤드류의 분노를 끌어내기 위해 입에 담지 못할 욕설로 자극한다. 눈물을 흘리며 무너지는 앤드류를 조롱하며 바닥까지 내려가게 한다. 이 모든 것의 목적은 앤드류의 성장에 있다고 말한다.

나는 플레쳐의 가르치는 방식에 동의하지 않지만, 그렇다고 플레쳐를 악마로 단순화해서 평가할 수 없다는 점에서 고민한다. 목적을 위해서라면 방법의 정당성을 던져버리는 플레쳐를 가르치는 자로서 나쁘다고 말하기는 쉽다. 그러나 폭력성이 담긴 가르침의 방식이 보통의 교육 현장에서는 나타나지 않는다고 쉽게 말하기 어렵다. 플레쳐가 앤드류에게 하는 정도는 아니지만 가르침에는 폭력성이 내포되어

있다. 그것을 어떻게 교육적 관점으로 풀어내는지 살피는 것이 중요하다.

규칙과 규율을 어기거나, 지시를 따르지 않는 아이에게 교사는 폭력성을 완전히 배재하고 지도하지 않는다. 아이의 잘못된 언행이나 습관, 태만한 태도를 지도하려면 분명 가르치는 자의 권위와 위계가 있어야 하는데, 그 속에는 필연적으로 폭력성이 내재되어 있다.

그렇다고 해도 플레쳐의 방식은 그 수위를 한참 넘는다. 그렇다면 의문이 생긴다. 플레쳐는 왜 그런 방식을 고수하고, 앤드류는 왜 참았을까? 영화 내내 질문이 사라지지 않는다. 불편함에서 오는 질문은 강한 거부감으로 다가온다.

플레쳐가 가르치는 방식은 차가움 이상으로 폭력적이고 냉정하지만, 틀린 것에 대한 지적은 반박하거나 대꾸할 수 없을 정도로 정확하다. 가르침에 대한 확고한 신념과 독보적인 실력을 갖추고 있기에 가르치는 태도 따윈 신경 쓰지 않는다. 앤드류 역시 플레쳐의 폭력적인 가르침을 지휘자의 특성으로 받아들인다. 오히려 무대와 연습실 밖에서의 자상하고 인자한 모습에 플레쳐의 가르침은 특별한 것이지 나쁜 것이라 여기지 않는다. 앤드류가 플레쳐에게 길들여지고 있는 것이다.

잠시 시선을 돌려보자. 운동을 하며 근육을 키우는 과정과 배움의 과정은 유사한 점이 있다. 근육을 키우는 과정은 고통스럽다. 운동부하를 극한으로 주면 그 과정에서 근육에는 손상이 온다. 과부하에 부어오른 근육조직에 잠시 휴식을 준 후에 다시 부하를 준다. 근육은 쪼개질 듯한 아픔을 겪으며 점점 단단해진다. 단단해진 근육은 처음 시작했을 때의 부하는 거뜬히 이겨낸다.

"한 번만 더. 마지막 한 번만 더."

헬스 트레이너는 수강생이 고통에 겨워 멈추려 할 때 계속 자극을 준다. 앞서 가르침에 내재된 폭력성이라고 하는 것도 여기에 있다. 트레이너가 외치는 '마지막 한 번'은 운동을 해야 하는 수강생에겐 폭력적으로 들리지만, 그것의 목적이 근육의 성장에 있기 때문에 참는 것이다.

근육의 성장은 수강생에게 이득이고, 근육을 키우려는 목적에 부합하기에 폭력성이 있다고 해도 감내하는 것이다. 헬스 트레이너가 수강생에게 한 것은 엄밀히 말하면 교육보다는 훈련에 가깝다. 하지만 교육에도 훈련의 영역은 존재한다. 따라서 가르치고 배우는 과정에서 나오는 폭력성은 훈련에서 교육으로 가기 위해 서로 약속된 계약이라 봐야 한다.

다시 플레쳐와 앤드류를 보자. 앤드류는 플레쳐의 폭력적인 가르침에도 포기하지 않고 한계를 뛰어넘는 역량을 보여줬다. 그렇다면 플레쳐의 폭력을 기반으로 한 가르침은 성공을 위한 약속된 계약이라 봐야 하는가?

아니다. 힘주어 말한다. 아니다.

가르침에 폭력성이 내재되어 있다는 것을 부정하지 않는다. 그러나 폭력성은 가르치는 자가 철저하게 조절해야 하는 마약성 진통제와 같다. 최대한 안 써야 하지만, 써야 할 순간이 생기면 과감하게 투여하되, 용량을 정해야 한다. 그래야 중독되지 않는다. 이걸 통제하지 못하면 가르치는 자가 먼저 중독된다. 폭력성에 중독된 가르침은 아무리 효과적이라고 해도 정당성이 없다. 가르침 속의 폭력성은 늘 있고 배제할 수 없지만, 필요한 순간 꼭 써야 한다.

아이가 얼마만큼 배울 수 있을까?
아이가 얼마만큼 성장할 수 있을까?
예측하긴 쉽지 않다. 배움과 성장은 배우는 자가 얼마만큼 수용할 수 있는지에 따라 정해진다. 수용은 자발적이어야 한다. 그러나 처음부터 자발적일 수는 없다. 새로운 것을 대할 때 호기심을 갖지만, 반대로 본능적인 불안감도 가진다. 불안감을 누르고 호기심을 집중력으로 변환시켜 배우는 과정에 돌입한다면, 절반은 성공한 것이다. 시작의 성공이 결과의 성공을 보장하지 않는다. 배우는 과정에서 지루함과 한계는 필연적으로 나타나고 단계가 올라갈수록 높아진다.

그 과정에서 가르치는 자와 배우는 자 사이엔 묘한 긴장감이 생기고 그것이 한계에 도달하면 때때로 폭력성으로 나타난다. 가르치는 자는 폭력성을 최대한 통제해야 한다. 최대한 억제하되 필요한 순간 써야 하고, 쓰고 난 뒤엔 앙금이 남지 않도록 세심한 주의와 관찰이 필요하다. 폭력성에 대한 통제는 이런 일련의 과정을 말한다. 그러기에 폭력성을 언제 어떻게 얼마나 투입해야 하는지 결정하는 것은 최대한 보수적으로 선택하고 결정해야 한다. 하지만 잊지 않아야 하는 것이 있다. 폭력성을 정제하고 포장하고 갈무리하는 정도의 차이만 있을 뿐 폭력성 없는 가르침과 배움은 존재하지 않는다.

　가르침에 담긴 폭력성을 조절할 줄 알아야 한다. 그것을 통제하는 것이 가르치는 자의 의무다.

위플래쉬(Whiplash, 2015)

감독 : 데이미언 셔젤

출연 : 마일즈 텔러(앤드류 역), J. K. 시몬스(플레쳐 역), 멜리사 베노이스트(니콜 역) 외

더 이상의 비극이
없으려면

 라자르 선생님

인간이 살면서 느끼는 스트레스 순위 중 가장 큰 것은 죽음이다. 본인의 죽음뿐 아니라 가장 사랑하고 가까운 이의 죽음 역시 엄청난 스트레스다. 죽음이란 스트레스가 왜 가장 크게 느껴질까? 죽음은 종말을 의미한다. 다시 되돌려서 문제 상황을 해결하거나 회복할 기회조차 없기 때문이다.

학교와 교실에서 교사가 받는 스트레스는 여러 가지가 있지만, 죽음에 견줄만한 것은 없다. 자신의 죽음이 아닌 동료 교사나 아이의 죽음이 남겨진 이들에게 주는 스트레스는 가늠할 수 없다.

캐나다 몬트리올의 어느 초등학교. 추운 겨울, 6학년 교실에서 담임교사 마틴이 자살했다. 아침에 등교한 시몽은 그 모습을 봤다. 학교는 난리가 나고, 얼른 죽은 교사의 흔적을 지우기 시작한다. 교장은 학부모를 소집하고 상황을 설명한다. 아이들은 상담교사와 심리 치료에 들어간다. 경황이 없는 상황에서 대체 교사가 들어온다. 알제리가 고향인 대체 교사 라자르는 아이들의 마음에 마틴 선생님의 죽음으로 인한 상처가 있지만, 숨기고 있다는 것을 알게 된다. 라자르 역시 고국 알제리에서 가족을 잃고 캐나다에 망명 신청을 낸 상태라, 소중한 이를 잃은 아이들의 마음을 이해한다. 라자르는 선택해야 한다. 아이들의 상처를 보듬어 안으며, 모른척하고 평상으로 유지할 것인가? 아니면 아이들 마음속 깊은 곳으로 들어가 마틴 선생님의 죽음을 직면할 것인가?

영화 〈라자르 선생님〉을 통해 무겁고도 어려운 죽음이란 상황에 교사인 나는 무엇을, 어떻게 할 것인지 진지한 물음을 해본다.

라자르는 글쓰기 수업을 하는 중에 아이들의 마음을 읽는 기회를 얻었다. 평소 마틴 선생님을 좋아하고 따랐던 알리스의 발표는 의미심장하다.

난 우리 학교가 좋습니다. 자상한 선생님들은 늘 우리들을 잘 돌봐줍니다. 이렇게 좋은 학교에서 마틴 선생님은 파란 스카프를 목에 매고 우리 곁을 떠났습니다. 그래서 제가 힘듭니다. 마틴 선생님은 살아갈 용기가 없었나 봐요. 마지막 용기는 목을 매는 용기였죠. 전 그것을 폭력이라고 생각합니다. 폭력은 벌을 받아야 합니다. 하지만 벌을 받을 수 없습니다. 돌아가셨으니까요.

라자르는 글쓰기를 통해 아이들이 감정을 드러내게 하려 했다. 알리스의 발표는 마틴 선생님을 비난하는 것처럼 보이지만, 실제는 마틴의 죽음 이면에 있는 비밀을 담고 있다. 알리스는 진짜 벌은 시몽이 받아야 한다고 여긴다.

시몽은 자기감정을 잘 조절하지 못해서 친구들과 다툼이 잦다. 시몽은 그런 자기 모습이 싫다. 그래서 사과하기보다는 심술궂은 말과 행동으로 감춘다. 그런 시몽의 주변에서는 늘 다툼이 생기고 그걸 중재하는 마틴 선생님에게도 시몽은 함부로 대했다. 사실 시몽도 마틴 선생님을 좋아했다. 아이를 좋아하고 돕기를 원했던 마틴 선생님 앞에서는 시몽의 심술도 잦아들었다. 그럴 땐 울음이 나왔다. 마틴 선생님은 그때마다 시몽을 안아줬다. 하지만 선생님의 품에서 감정이 정리되고 나면 오히려 안겨있는 자신이 싫었다. 더 정확히는 좋아하는 선생님에게 약한 자기 모습을 들킨 것이 부끄러웠다.

시몽은 마틴 선생님에게서 엄마 같은 포근함도 느꼈지만, 좋아하는 선생님 앞에서 약한 모습을 보였다는 부끄러움을 떨치기 위해 해서는 안 될 말을 해버렸다. 부모에게 마틴 선생님이 부적절한 신체접촉(키스)을 한다고 고자질했고, 그것이 일파만파로 번져 결국 끔찍한 사고가 벌어진 것이다.

마틴 선생님이 저 때문에 자살했대요. 고자질 한 건 제 잘못이지만,

저도 엄마 같은 선생님을 잃었어요. 맞아요. 키스한 건 아니에요. 그냥 안아주셨는데 난 그게 싫었어요. 제 잘못이 아니에요.

영화는 그 과정에 벌어진 상황에 관해선 설명하진 않지만, 교장과 라자르의 대화를 살펴보면 상당 부분을 유추할 수 있다.

교장: 체벌은 엄격히 금지되고 있어요.
라자르: 당연히 그래야죠.
교장: 팔을 당기거나, 건드리거나, 안거나 해서도 안 됩니다. 어떤 신체접촉도 용납되지 않아요.

체벌을 포함한 모든 신체접촉이 금지된 상황에서 마틴 선생님이 시몽을 안아준 행위는 성추행으로 몰려 더 큰 곤경으로 몰아넣었다. 영화에는 학부모들이 어떤 공격을 했는지, 어느 수위까지 마틴이 몰렸는지 나와 있지 않다.

시몽 네 잘못이 아니다.
마틴 선생님이 왜 자살을 하려고 했는지 알려고 하지 마. 그건 중요하지 않아. 교실은 집과 같은 곳이다. 여기서 우정을 쌓고, 공부를 하며, 예의를 배우지. 인생을 준비하고 미래를 대비하는 곳이다. 슬픔과 고통까지도 모두 함께 이겨나가야 해.

시몽에게 잘못이 없다고 말하는 라자르 선생님은 교육자로서 할 말을 했다. 라자르 역시 눈앞에서 가족이 죽는 것을 목격했다. 전쟁의 고통 속에 사랑하는 가족을 잃은 라자르이기에 시몽과 알리스를 비롯한 깊은 슬픔에 잠긴 아이들에게 진심 어린 위로를 한다. 슬픔을 아는 자가 슬픈 자의 마음을 어루만져준 것이다.

라자르는 글쓰기 시간에 아이들이 마틴 선생님의 죽음에 관해 쓴 글에 치유의 힘이 있다는 것을 알았다. 그 힘이 더 커지려면 안으로 감추지 말고 밖으로 쏟아내야 한다고 여겼다. 그 방법 역시 글쓰기였다. 글을 쓰는 과정에서 아픔과 고통이 정화될 수 있다고 믿은 라자르는 아이들의 고통을 치유하는 데 부모도 협조해야 한다고 생각해 아이들이 쓴 글을 집으로 보냈다.

교장: 왜 아이들의 상처를 자꾸 건드리세요? 왜 아이들의 글을 부모들에게 보내는 거예요?
라자르: 아이들은 더 세심히 돌봐야 합니다.
교장: 그만 하세요.

시몽도 알리스도 상처를 입었다. 라자르는 아이들과 함께 글을 쓰고 고치고 발표하며 감정을 드러내게 하면서 내면을 들여다보며 회복하는 과정을 거쳐야 한다고 여겼다. 그러면서 오해하고 자책하고 슬퍼했던 것을 드러내야 한다고 생각했다.

그러나 교장의 생각은 달랐다. 마틴 선생님의 자살 사건을 적절한 수준에서 덮고 싶었다. 교장 자신은 행정적으로 잘 처리했다고 생각했다. 그런 와중에 마틴 선생님의 일을 아이들의 글쓰기 소재로 삼는 것을 넘어 부모에게 알리는 것은 더더욱 받아들일 수 없었다. 교장은 아이들을 믿지 않았다. 아이들의 글이 어느 수준에서 어떻게 쓰여질지 몰랐기 때문에 또 다른 오해와 갈등이 생길 것이라 여겼다. 가까스로 수습했는데 이상한 곳에서 불똥이 튀는 것이 싫었다. 그래서 라자르의 글쓰기 수업은 위험하다고 생각했다. 특히, 이 사건 때문에 교장인 자신에게 화살이 돌아오는 것을 막으려 했다.

교장이 아이들을 버리고 자기 안위만 챙긴다고 폄하하고 싶진 않다. 하지만 아이들을 품어 안으려고 노력한 라자르의 교육자적 관점을 무시한 것은 용서할 수 없다. 교장으로서 힘들다 해도 담임교사를 잃은 아이들의 아픔을 치유하고 어루만지려 노력한 라자르의 교육적 노력을 교장은 반드시 지켜줘야 할 의무가 있었다. 이것은 면책되지 않는다.

설령 아이의 잘못이 있다고 해서 그것이 마틴 선생님의 죽음의 절대적인 이유는 될 수 없다. 아직 미성숙하기에 해서는 안 될 말을 내뱉을 수도 있다. 정작 마틴을 죽음으로 몰고 간 원인은 어른들에게 있다. 아이 말만 믿고 교사를 공격한 부모와 그런 부모로부터 교사를 보호해 주지 못한 교장, 지도 감독의 권한이 있는 교육청도 책임을 벗을 수 없다. 마틴 선생님을 지켜주지 못한 것은 총체적인 교육 시스템의 부실이다. 책임을 물어야 한다면 가장 권한이 많은 순으로 물어야 한다.

교육 시스템의 보호를 받지 못한 교사의 극단적인 선택에 주변 모든 사람은 충격을 받는다. 특히, 마틴 선생님과 가장 밀접한 관계를 맺은 반 아이들과 동료 교사들이 더 큰 충격을 받는다.

상담교사는 겨우 한 명인가요?

그러나 교사의 죽음을 대하는 부모의 태도는 자신들의 아이들에 대한 걱정부터 앞세운다.

상황을 지켜보면서 필요하면 더 충원될 것입니다. 걱정 마세요.

교장은 사건의 시시비비를 가리는 것보다 수습하는 것이 우선이라 여겼고, 이런 상황에서도 부모의 요구를 들어줄 것이라 말한다. 마틴이 죽고 난 뒤 가장 먼저 한 것은 교실에 있는 마틴의 흔적을 지우는 페인트칠이었다. 교장의 태도나 마틴의 흔적을 지우는 학교의 수습 방법은 어찌 보면 당연하지만, 교사의 관점에서는 이보다 더 참담할 수 없다.

과연 교사는 교육을 하다 참담한 고통을 겪고 그것이 죽음에 이를 수도 있는 상황일 때 보호받을 수 있을까?

아니면 최소한 그것이 교육적이었다고 인정받을 수 있을까?

마틴에게 일어난 일이 내게도 일어났다면 난 어떤 선택을 했을까? 최소한 교육자로서 자존심을 지킬 수 있었을까?

마틴과 같은 상황이 나에게는 일어나지 않는다고 자신할 수 있을까?

2014년에 일어난 세월호 참사 때를 돌이켜본다. 그때 대부분의 교사는 침몰하는 배에서 아이들을 살리기 위해 아래층 선실로 뛰어들었던 선생님들에게 감정을 이입했다. '구명정을 타면 살 수 있는데, 아직 탈출하지 못한 아이가 있다면 나는 어떤 선택을 했을까?' 아마 모든 교사는 세월호의 그 선생님들처럼 아이들을 구하기 위해 선실로 뛰어들었을 것이다.

2023년 7월 서이초에서 〈라자르 선생님〉의 상황과 같은 교사의 비극적인 자살 사건이 일어났고, 거의 모든 교사가 충격에 빠졌다.

아프고 또 아프다. 교사라면 누구라도 마틴과 같은, 서이초 교사와 같은, 벼랑 끝에 몰리는 사건에서 자유롭지 않다는 것을 알고 있다. 이미 그와 유사한 일을 겪었거나, 아니면 아직 자신의 순서가 되지 않았을 뿐이다. 그럼에도 위급한 상황이 벌어지면, 세월호 참사에서 아이들이 있던 객실로 달려갔던 교사처럼 행동할 것이다.

하지만 교사의 죽음 뒤의 진상규명은 요원하며, 교육 시스템은 교사를 보호하지 못하고, 죽은 교사 뒤에 올 후임 교사는 상처받고 아파할 아이들을 위해 또 다른 라자르가 될 것이다. 죽음의 흔적은 페인트칠 아래 묻히고 지워질 것이다.

교육적 문제가 벌어졌을 때 해결하지 못하면, 교사는 죽음으로 자신의 결백을 주장해야 한단 말인가? 미성숙한 아이를 성숙한 존재로 성장하고 가르쳐야 할 교사에게 털끝만큼의 실수와 잘못도 용납하지 않고, 교사의 교육권을 보호해 주지 않는 시스템이라면, 과연 어떤 교사가 혼신의 힘을 다해 아이를 위해 교육하겠는가? 영화 〈라자르 선생님〉은 마틴 선생님의 죽음을 슬퍼하며 바라보는 수많은 현실의 교사에게 교사가 하는 일과 교사의 존재 이유에 대한 근본적인 물음을 하게 한다.

라자르 선생님(Monsieur Lazhart, 2013)

감독 : 필리프 팔라도

출연 : 모하메드 펠라그(바시르 라자르 역), 소피 넬리스(알리스 역), 에밀리언 네론(시몽
    역), 다니엘 프룰(교장선생님 역) 외

교실은 집과 같은 곳이다.

여기서 우정을 쌓고, 공부를 하며, 예의를 배우지.

인생을 준비하고 미래를 대비하는 곳이다.

슬픔과 고통까지도 모두 함께 이겨나가야 해.

영화 〈라자르 선생님〉 중에서

가르치는 방법에
절대적인 것은 없다

　교사는 수업을 통해 가르치려고 하는 핵심을 학생에게 전달하려는 명확한 의도를 가지고 있다. 그러기에 의도에 맞는 교재와 학습자료를 준비하고 아이를 대한다. 하지만 천차만별의 수준 차이를 보이는 아이들을 대하려면 좀 더 유연한 접근 방식이 필요하다.

　마음에 깊은 상처를 받은 아이도 있고, 모범생이지만 가끔 삶의 걸림돌에 걸려 허우적거리는 아이도 있다. 아이들의 특성에 따라 가르치는 방식도 변화해야 하지만, 교사 역시 각기 다른 가르침의 방식이 있다. 방식이 다르다는 건 교사마다 가르치는 방법, 순서, 표현법 등이 다르다는 뜻이다. 이것은 단순히 방식의 차이만 뜻하지 않는다. 의도를 가지고 아이를 성장시킨다는 교육의 목적 자체는 모든 교사가 동의하나, 교육의 방식에 대한 견해가 교사마다 조금씩 다르게 나타난다. 그렇다면, 다른 것을 얼마나 인정하고 수용할 수 있을까? 가르침에 대한 견해차는 극복할 수 있는 것인지에 관해 영화 〈굿 윌 헌팅〉은 중요한 점을 보여준다.

복도 칠판에 수학의 어려운 문제를 적어뒀으니 누구든 풀어보길 바란다. 그걸 풀면 나의 수제자가 되어 부와 명예를 얻을 것이며 〈MIT 테크〉지에 올라갈 것이다. 노벨상뿐만 아니라 수학 수훈상 수상자가 여기서 많이 나왔다. 물론, 별 볼 일 없는 MIT 수학 교수를 하는 나도 있지만. 여러분도 도전해 보기 바란다.

천부적인 재능을 가진 윌은 수재들만 모여 공부한다는 미국 MIT 공대에서 청소부로 일한다. 어느 날 수학 교수인 램보는 아무도 풀지 못한 수학의 난제를 가볍게 풀어내는 윌의 재능을 발견하고 제대로 가르쳐 훌륭한 수학자로 키우고 싶어 한다. 하지만 윌은 마음속에 응어리진 상처 때문에 램보의 제안을 거부한다. 램보는 마음이 급했다. 윌의 재능을 이용해 위대한 수학의 업적을 세우려고 했던 계획에 차질이 생겼다. 그렇다고 해서 윌을 놓칠 수 없었다.

램보는 자신감 넘치는 교수다. 엘리트 코스를 밟았고, 그 과정의 무수히 많은 경쟁에서 승리했으며 지금의 자리에 올랐다. 교수가 되어서도 어떻게 해야 효율적이고 강력하게 가르치는지 자신의 방식을 터득했다. MIT에서도 자신이 최고의 교수라 여긴다. 램보의 방법은 배우는 학생에게 확실한 동기부여를 한다. 동기부여는 받아들이는 학생도 중요하지만, 동기부여를 하는 교사의 위치도 중요하다. 램보는 학생들이 자발적으로 자신을 따를 정도로 확실한 권위를 가지고 있다고 생각한다. 그것을 증명하려는 듯 자신의 수학 실력을 은근히 자랑한다. '이 정도는 풀어야 나에게 도전할 수 있는 거야. 아니라면 반항하지 말고 배워'라고 하는 듯하다.

하지만 윌이란 천재 아이를 만났을 땐 이야기가 달라진다. 한때 천재란 소리를 들었던 램보 자신도 교수가 되어 팀을 이뤄 2년 넘게 연구했던 수학 문제를 윌은 단숨에 풀어버린다. 램보는 윌을 지도해 보려 한다.

불우한 환경 때문에 삐뚤어진 마음을 가졌지만, 윌은 엄청난 수학 실력을 발휘하며 단박에 램보의 눈길을 끈다. 그러나 윌의 망나니 같은 성격으로는 재능을 꽃피울 수 없다고 여긴 램보는 자신의 모든 인맥을 동원해서 윌의 성격을 고치려고 한다. 하지만 뛰어난 재능만큼 삐뚤어진 마음마저 극강인 윌은 모든 과정과 치료를 난장판으로 만들어버린다. 윌의 재능을 포기할 수 없는 램보는 자신과 교육 가치관이 다른 정신과 교수인 숀에게 도움을 요청한다.

환자와 친숙해지는 데 왜 믿음이 가장 중요할까? 의사에게 믿음이 있어야만 환자는 마음을 터놓는다. 그렇지 않으면 치료 자체가 의미 없다.

가르침에 있어 목표와 성취를 중요하게 생각하는 램보와 달리 숀은

관계에 큰 관심과 가치를 둔다. 하지만 그런 숀에게도 윌은 만만찮은 상대다.

숀 당신의 그림은 폭풍 속 항구처럼 위험해 보여요. 엄청난 고난 속에 혼비백산해서 노를 저어 항구로 돌아가는 것 같군요. 현실을 도피하려는 것처럼 보이는군요. 잘못된 결혼을 한 건 아니에요? 부인을 잘못 얻은 거죠? 맞죠? 딴 남자랑 눈 맞아서 배신하고 도망갔나요?

윌과 숀의 첫 만남. 그 짧은 순간에 숀이 그린 그림 한 장을 보고 독설을 날려 숙련되고 경험 많은 정신과 의사이자 교수인 숀의 멘탈을 깨부술 만큼 윌은 강력하다. 처음엔 차분히 윌의 독설을 흘려버리거나 튕겨내던 숀도 마침내 참지 못하고 이성을 잃을 뻔한다.
다음날 윌을 다시 만난 숀은 전날의 기억을 되살린다.

넌 강한 아이야. 넌 똑똑하지. 하지만 넌 상상도 못해. 전우가 애잔한 눈빛으로 숨을 거두는 모습을 바라보는 그 느낌을, 한 여인에게 매료되어 나의 천사가 되고, 나는 또 그녀의 천사가 되는 느낌을, 사랑을 지키는 것이 어떤 건지 몰라. 그 사랑은 어떤 것도 이겨내지.

숀은 어제 화를 내서 미안하다는 사과를 먼저 한다. 숀이 무슨 말을 먼저 할까 걱정한 것은 윌도 마찬가지였다. 가식적인 어른의 모습을 공격하며 자신을 방어했던 윌은 그것이 지나쳐 숀에게 상처를 줬다고 여겼다. 본능적으로 숀이 좋은 어른이란 것을 알았지만, 마음을 여는 법을 모르는 윌은 거칠게 상대를 몰아붙여 굴복시키는 것이 감정을 소통하는 유일한 방법이었다. 숀은 마치 들여다보듯 윌의 마음을 읽고 측은함을 이야기한다. 상대를 깎아내리고 부수는 방법밖에 모르는 윌은 사실 무시당하거나 버림받는 것이 두려워서 그런 것이란 걸 숀은 알고 있다. 타인과 관계에서 배워야 할 것들을 책으로 배운 윌은 자신이 습득한 지식을 어떻게 써야 하는지 모른다. 그래서 숀은 그림 한 장을 보고 상대를 난도질 하는 윌이 버림받기 두려워하는 연약한 겁쟁이란 것을 알려준다. 그리고 윌이 자기 자신을 존중한다면 숀도 윌을 존중할 것이라고 전하며 이 모든 것이 윌에게 달렸다고 말한다.

램보와 숀은 가르치는 방식이 다르다. 무엇이 옳고 그른가를 따지는 것은 의미가 없다. 램보의 방법이 맞을 때가 있고 숀의 방법이 맞을 때가 있다. 마치 홍상수 감독의 영화 제목 '그때는 맞고 지금은 틀리다'처럼 그때그때 상황에 따라 옳고 그름이 정해진다. 윌의 상태가 어떠냐에 따라 램보의 방식이 통할지 숀의 방식이 통할지 결정된다. 윌에겐 숀의 방식이 적합했다. 그 이유는 무엇인가? 윌이 숀의 방식을 선택했기 때문이다. 그렇다면 램보의 방식은 틀렸는가?

꼭 그렇지 않다. 적어도 자기를 조절하고 관리할 수 있으면서 성공과 성취에 대한 경쟁심을 가진 아이라면 램보의 가르침을 선택했을지 모른다. 램보는 먼저 윌에게 손을 내밀었다. 천재적인 재능을 가지고 있지만, 엄청난 심리적 상처를 겪고 있으며, 자신을 던지는 폭력적인 삶을 사는 윌을 램보는 포기하지 않았다. 그토록 싫어했던 숀에게 도움을 요청한 것도 램보다. 램보는 자신의 욕망을 실현하기 위해 윌의 능력이 필요했다. 윌의 능력을 이용하여 학자로서 더 큰 수학적 성취를 하고 싶었고, 자신의 성취가 윌의 성장에도 도움이 될 것이라 믿었다. 하지만 윌은 램보의 제안을 받아들이지 않았다. 어쩌면 램보의 제안은 공부하려는 학생에겐 최고의 소망이었을 것이다. 윌이 제안을 받아들이지 않은 이유를 램보는 알지 못했다. 램보는 자신의 가치관이 옳다고 생각했다.

램보와 숀의 대화는 아이를 가르치는 것에 대한 두 사람의 가치관 차이를 극명하게 보여준다.

램보: 윌에겐 재능이 있어. 우리가 올바른 길로 인도해 줘야 해. 이 세상에 도움이 될 수 있는 인물로 말이야.

숀: 방향의 제시와 조작은 다른 거야. 자신의 미래는 스스로 결정하게 해야 해.

램보: 나도 매일 밤 윌에게 맞는 방법을 고민한다고, 그건 수학이야.

숀: 윌이 원하는 건 다른 것인지도 모르잖아. 세상엔 수학 수훈상보다 더 중요한 게 많아.

램보: 이건 중요한 일이야.

숀: 정말 중요한 건, 그 애 스스로 원하는 걸 찾도록 시간을 주는 거야.

램보: 이론은 그럴듯해. 자네도 그 덕에 이 꼴이 되었잖아.

손: 그래, 이 오만한 머저리야.

올바른 길로 인도해야 한다고 믿는 램보와 어떤 길이든 윌이 스스로 선택해야 한다고 믿는 숀. 다 맞는 말이다. 램보와 숀 누구도 틀린 견해가 아니다. 하지만 두 견해는 언제든 충돌할 수 있다. 견해가 충돌할 땐 배울 아이에게 기준을 둬야 한다. 배울 윌이 무엇을 선택하느냐에 따라 램보와 숀의 견해는 비로소 의미가 부여된다. 한쪽의 견해에 의미가 부여된다고 해서 상대의 견해가 부정되는 것이 아니다. 한쪽의 견해가 힘을 다하거나 효과가 떨어질 때 반대쪽 견해는 그 순간 의미가 부여된다. 이 순간 역시 선택은 윌이 한다.

윌은 숀을 선택했다. 사실 윌의 교육은 법원에서 강제로 부여한 과정을 이수하기 위한 것이었다. 법원에 보낼 보고서에 무엇을 적었을지 궁금해하는 윌에게 숀은 진실을 말해준다. 보고서에 담긴 내용은 형식적인 것이며, 윌의 상처를 극복하는 데 보고서 자체는 도움이 되지 않는 것을 알려준다.

대신 숀은 윌과 대화에서 과거 윌이 가졌던 큰 고통과 상처가 무엇인지 발견했다. 사랑받아야 할 어린 시절 가정폭력으로 만신창이가 된 윌은 속 깊은 상처를 드러내지 않기 위해 무척 노력했지만, 내면의 상처가 겉으로 드러나는 순간 야수처럼 타인에게 상처를 주는 자신을 경멸하고 있었다. 숀은 무려 10번도 넘게 "그건 네 잘못이 아니야(It's not your fault)"라고 읊조리듯 말하며 윌이 가진 수없이 많은 부정적인 상황과 기억과 아픔과 상처가 치유될 수 있도록 도와준다. 숀의 품에 안겨 윌은 한번도 표현해 본 적 없는 마음에서 우러나온 깊은 속울음을 터트린다. 그리고 마침내 윌은 진정으로 상처를 극복하고 자신의 길을 찾아 떠난다.

한 인간을 온전히 보듬어 안고, 상처와 아픔을 승화시키는 것은 이상적인 교사의 모습이지만, 결코 쉽지 않다. 아무나 할 수도 없고, 강요해서도 안 된다. 하지만 아이가 선택을 한다면 상처를 어루만지고 치유하며 궁극적으로 극복할 방법을 찾을 수 있는 실마리는 생긴다. 숀과 램보는 다르지만 공통점이 있다. 각자 자기 분야에선 최고의 가르침을 펼친다. 최고의 실력을 갖췄다고 모든 아이를 잘 가르치는 것은 아니다. 가르치는 능력 밖에 있거나, 뛰어넘는 아이가 있다. 교사는 그때 무슨 선택을 해야 할까? 램보와 숀의 마지막 설전을 통해 그 느낌을 상상해 보자.

램보: 윌에겐 지금이 가장 중요한 시기야. 윌을 그냥 놔두면 범죄자가 될 거야.

숀: 윌이 왜 그런다고 생각해 본 적은 없어?

램보: 문제는 누구에게나 있어. 문제는 극복해야 해. 그래서 자네와 내가 있는 거잖아.

숀: 윌이 왜 사람을 믿지 못하는지 알아? 그건 늘 버림받았기 때문이야.

램보: 또 프로이트 핑계를 대는 거야?

숀: 램보, 자네가 몰아치면 윌은 자신을 방어하기 위해 나쁜 짓으로

악순환을 반복할 거야. 난 그걸 보고 있을 순 없어.

램보: 제발 참아줘. 포기할 핑계를 대며 괜찮다는 의식을 심어주지 말란 말이야. 실패자가 되도록 놔둘 거야?

각자의 분야에서 최고의 위치에 오른 교수들인 램보와 숀. 두 사람은 월을 가르치는 방법에 관해서는 한 치의 양보 없이 첨예하게 대립한다.

가르침의 방법에 절대적인 것은 없다. 다만, 아이가 마음의 안정과 평안함을 느껴야 배우고 익히려는 시도를 한다는 것은 변함이 없다.

잘 가르치는 교사들 사이에도 가르치는 방식의 차이는 존재한다. 자신의 방식이 옳고 타인의 방식이 틀리다고 규정하는 순간 타인의 방식에서 영감을 얻을 수 없다. 그것이 지속되면 자신의 방식만 옳다고 여겨 절대화한다. 이때부터는 배우는 아이에 대한 고려가 사라진다. 이것이 가장 무서운 일이다.

가르침에 대한 견해차는 분명 존재한다. 그것은 배우는 아이의 상황과 상태가 모두 다르기 때문이다. 성장하면서 아이는 요구도 달라진다. 그래서 가르침은 어느 한 방향으로 흐를 수는 있어도 그것이 절대적으로 옳다고 할 수는 없다. 가르침에 절대적인 것은 없음을 명심해야 한다. 백 명의 아이가 있으면, 가르치는 방식도 백 가지가 존재한다.

이렇게 가르침의 방식과 견해가 다양하지만, 결이 완전히 다른 것은 아니다. 아이의 성장 단계에 맞는 방식을 찾아가는 과정에서 달라보일 뿐 교육의 목적인 아이의 성장이란 기준에서 보면 공통된 결을 가지고 있다. 가르침의 방식에 있어 어디까지 합의하고 어디부터 개별적인 지도를 해야 할지 토론하고 협의하는 것이 가르침에 대한 견해차를 좁히고 아이에게 적합한 방법을 찾을 수 있는 최선이다.

굿 윌 헌팅(Good Will Hunting, 1998)

감독 : 구스 반스트

출연 : 맷 데이먼(윌 헌팅 역), 로빈 윌리엄스(숀 맥과이어 역), 스텔란 스카스가드(제랄드 램보 교수 역), 벤 애플렉(처키 술리반 역) 외

나도 매일 밤 윌에게 맞는 방법을 고민한다고, 그건 수학이야. (램보)

정말 중요한 건, 그 애 스스로 원하는 걸 찾도록 시간을 주는 거야. (숀)

영화 〈굿 윌 헌팅〉 중에서

교사는 언제 가르침의 틀을 뛰어넘는가

스쿨 오브 락

가르치는 내용은 체계적이고 계획적이며 검증 가능한 것이어야 한다. 그래서 보수적으로 선정한다. 가르침을 수행하는 교사는 가르침에 관한 전문적인 교육을 받았고, 자격을 갖추고 있으며, 어떻게 하면 좀 더 잘 전수할 수 있을지 고민한다. 그러나 배우는 아이의 처지는 교사와 다르다. 수준차가 존재하는 것은 물론이고, 교사가 가르치는 것을 받아들이는 과정이 동일하지 않다. 아무리 좋은 것을 가르쳐도 받아들이려 하지 않으면 효과가 없다. 전통적인 방식이 효과가 검증되었다 해도 아이가 받쳐주지 않으면 별 소용이 없다. 검증된 방식으로 가르쳤다고 해서 교육적 효과까지 담보되지 않는다. 배우는 아이 탓을 해선 답이 나오지 않는다.

가르침과 배움에서 처음엔 교사가 주도권을 가진다. 교사가 주도권을 가져도 보통은 아이에게 맞춰준다. 아이는 교사를 통해 익숙하지 않은 배움을 접하고 연습을 통해 단계를 높인다. 그러다가 교사의 가르치는 방식이 아이의 성장에 도움이 안 되거나 방해되는 순간이 올 때가 있다. 그 순간이 아이에게 주도권을 넘겨줘야 할 때다. 교사가 의도적으로 아이에게 주도권을 줘서 가르침의 목표를 수행한다. 주도권을 아이에게 주는 것은 교사에게 있어 가르침의 틀을 깨는 것이다. 그럼, 교사는 주도권을 아이에게 언제 그리고 얼마나 어떻게 줘야 할까? 그 시점을 정확하게 맞추기 어렵다는 사실에 고민은 더 깊어진다.

초등학교 보조교사로 일하는 친구를 사칭해 새로운 음악 교사로 취직한 무자격 교사 듀이가 수업 대신 밴드를 결성하고 경연대회에 출전한다는 황당한 내용을 담은 〈스쿨 오브 락〉을 통해 기존의 틀을 뛰어넘는 가르침을 펼칠 수 있는지 힌트를 찾아본다.

오늘은 실컷 놀아라. 공부는 내일부터 하자.

첫 수업, 듀이와 아이들의 만남은 기묘하다. 보통은 교사가 공부를 독려하고 아이들이 피하려고 하는데, 여긴 반대다. 아이들이 더 공부하려 한다. 이 장면은 숨은 맥락이 있다. 비교적 엄격하고 규율이 있는 사립학교에서 교육받은 아이들은 교사가 시키는 것을 따르고 평가받는 것에 익숙해 있다. 하지만 아무것도 하지 말고 놀라는 듀이의 말에 의아해한다.

내가 너희들을 가르칠 동안에는 시험 보거나 평가하지 않겠다. 하루 종일 쉬는 시간이다. 여기선 내가 왕이야. 내가 시키는 대로 해. 가서 신나게 놀아.

듀이는 학교의 규율과 전통 따위는 깡그리 무시한다. 이전 담임교사가 하던 방식 중 시험 성적을 공개하는 점수판이 있었다. 반장이 친절히 이것의 용도를 설명하는데 듀이는 화를 내며 점수판을 찢어버린다.

듀이는 얼렁뚱땅 시간을 보내며 담임의 역할을 하지만 고민도 있다. 언제까지 가르치는 걸 안 할 수 없다. 가끔 나타나서 감시하는 교장의 눈을 피하는 것도 힘들다. 그러다 아이들의 음악 시간을 참관한 뒤 영감을 얻어 자신이 가장 잘할 수 있는 록 음악을 가르친다. 클래식 악기를 다룰 줄 아는 아이들이라 듀이가 원하는 코드와 박자를 쉽게 이해한다. 본격적으로 밴드를 구성한다.

아이들은 교사가 정해준 것을 배우는 데 익숙해 있다. 그런데 듀이가 제시한 밴드부 활동은 한번도 해본 적이 없다. 거기다 가르침의 방법도 보통의 교사와 다르기에 배우는 과정도 다르다. 평소라면 해볼 수 없는 것이라 호기심과 욕망도 생기지만, 막상 실현하려고 하니 두려움이 생긴다. 듀이는 이 과정을 조율하며 아이들의 마음을 사로잡는다.

로렌스: 밴드부는 멋진 사람만 한다는데, 전 못하겠어요. 전 왕따라

멋있지 않아요.

듀이: 넌 밴드부에 들어왔다는 것이 최고가 되었다는 뜻이야.

로렌스: 정말요. 그럼 할게요.

듀이: 그런 대답을 할 땐 시시하게 '할게요' 하는 게 아니야. 멋지게 '한다'라고 외치는 거지.

수줍어하는 로렌스에겐 자부심을 살려 자존감을 높여준다. 여기서 끝이 아니다.

토미카: 무대 올라가기 겁나요.

듀이: 뭐가 무서운데?

토미카: 사람들이 절 뚱뚱하다고 놀릴 거예요.

듀이: 넌 노래를 잘해. 노래 잘하는 가수 중에 뚱뚱한 사람이 얼마나 많은데.

토미카: 정말요?

듀이: 뚱뚱해서 정말 문제 있는 사람은 또 있어.

토미카: 누구예요?

듀이: 바로 나지. 하지만 무대 위에 올라가면 모두가 열광해. 멋진 뚱보니까.

토미카: 살 안 빼세요?

듀이: 살을 왜 빼? 뚱뚱한 게 나쁜 거야? 넌 이제 록스타야. 너의 재능을 폭발시켜. 실력을 보여줘.

토미카: 좋아요.

막상 무대 위로 올라가려 하자 두려움이 몰려온 토미카를 격려하는 듀이는 자신의 약점을 드러내며 토미카의 걱정을 덜어준다. 듀이는 밴드에 직접 참여하지 않는 아이들에게도 경비, 홍보, 응원 등의 역할을 줘서 한 팀이란 일체감을 심어준다.

듀이는 정식 교사는 아니지만, 아이의 마음을 사로잡아 훌륭한 수업을 하는 모습을 보여준다. 전통적인 교수-학습 방법이 아니기 때문에 아무나 따라 할 수 없지만, 배우는 자의 두려움을 없애줘야 한다는 것은 본능적으로 알고 있다.

아이들의 관점에서 보자. 분명 듀이의 지도 방식은 다른 선생과 다르다. 지도 방식이 다르기 때문에 생기는 이질감보다 해보려고 하는 욕망과 열망이 더 강하다. 밴드를 구성해 공연을 하자는 듀이의 욕망과 아이들의 욕망이 일치하기 때문이다. 이 지점을 중요하게 봐야 한다. 목표가 선명하고 분명하면 과정에서 생기는 수없이 많은 문제와 난관을 돌파하는 데 도움이 된다. 하지만 편견에 맞서야 한다.

나는 영화 수업을 진행하면서 이런 난관을 수도 없이 거쳤다. 초창기엔 영화를 수업에 사용한다는 이유만으로 수업하지 않고 놀기 위해 영화 틀어놓는다는 오해를 받았다. 영화 수업에 관한 많은 교육 자료와 수업 내용을 공유했음에도, 편견과 오해는 쉽게 수그러들지 않았다. 공부 안 시키고 영화만 본다는 학부모의 오해도 힘들었다.

그중 가장 아프게 다가오는 것은 학교 내부의 교장, 교감 등의 관리자와 동료 교사들의 편견이었다.

당시 영화 교육은 검증되지 않는 교육 방법이었다. 40분의 수업 시간 안에 영화 보고 학습활동 하기엔 부적합하다고 여겼다. 특히 학기말, 학년말 시간 때우기식 영화 보기가 많았던 당시로서는 영화 교육을 하는 것이라는 나의 주장을 변명과 핑계라고 여기는 사람이 많았다. 나 역시 검증되지 않은 방식으로 가르치는 것에 대한 두려움이 없지는 않았다. 동시에 검증된 것을 따라야 한다는 암묵적 질서를 어긴다는 부담도 있었다.

이것은 가르침의 보수성을 편협하게 해석했기 때문이었다. 검증된 것을 가르쳐야 한다는 것이 가르침의 보수성이다. 검증된 것을 선정할 때, 아이들의 상황과 수준을 고려해야 한다. 그래야 보수성에 가치가 생긴다.

아이의 상황과 수준을 고려해야 하지만, 현실적인 수업 상황을 주목해 보자. 아이들의 상황과 수준을 정확하게 파악하긴 어렵다. 파격적인 것을 가르치는 것은 더 어렵다. 무엇을 가르칠 것인지는 보수적으로 정한다고 해도 선정한 것을 수업이란 형태로 구현할 때 틀을 깨는 것이 필요하다. 보통 틀은 아이가 깨야 한다고 알고 있다. 하지만 틀을 깨는 과정과 경험은 교사에게 더 필요하다. 교사가 가르치는 일을 하고, 아이는 배우는 일을 하기에 아이가 배우면 틀이 깨질 것이라 여기지만, 틀을 깨는 것은 기술이나 기법의 문제가 아니다. 검증된 틀 안에서 보편적인 가르침의 방식이나 방법을 익히고 난 뒤, 그것을 바탕으로 자신만의 개별화된 창조적인 수업을 하려고 하면 난관에 부딪힌다. 아이의 실력이 부족한 것이 아니라 교사의 고정관념이 걸림돌이 되는 상황이 온다. 이런 경우 방식을 유연하게 바꿔야 한다.

바로 여기에 교사의 딜레마가 존재한다. 자기만의 방식으로 수업하고 싶다는 욕망을 가진 교사가 직접 해보려고 시도하면 막상 뭘 어떻게 해야 할지 모르거나, 돌발상황에서 대처하는 능력이 부족해 오히려 검증된 수업을 진행하는 것보다 못하는 상황이 비일비재하게 벌어진다. 이럴 땐 가르치는 교사와 배우는 아이에게 정해진 방식과 방법이 없는 상태와 같다. 이런 상황에서 정작 교사는 이전의 방법을 고수하거나, 아이 탓을 하면 제대로 된 수업을 진행하지 못하고 조급해진다.

이럴 때는 가르침과 배움 사이에 비움이 필요하다. 비움이 있어야 채울 것이 생긴다. 교사가 채워주는 것이 아니라 아이가 채울 기회를 가져야 한다. 그래서 교사의 비움이 먼저 있어야 한다. 교사의 비움은 아이에게 공간을 주는 것이다. 공간을 준다는 것은 주도권도 주는 것이다. 아이에게 주도권을 준다는 것은 교사의 주도권을 뺏기는 개념이 아니다. 교사는 아이가 빈 공간에 무엇을 채우려는지 간파해야 한다.

그것이 아이의 성장에 도움이 된다고 판단하면 아이에게 주도권을 주고 난 교사는 높은 곳에 올라가 주변을 살피는 파수꾼의 역할로 바뀐다. 아이들 전체를 조망하고 과정과 방법은 제시하되 활동은 아이들이 주가 되어야 한다. 문제가 생기거나 오류가 발생하면 그 광경을 조망하고 있는 교사에게 찾아와 해결하는 데 필요한 힌트와 방법을 구한다. 전체를 관찰해야 하니 교사는 좀체 파수대 밑으로 잘 내려오지 않는다. 꿀벌처럼 이곳저곳 아이들을 챙기는 것이 아니라 아이 스스로 문제 상황과 오류를 설명하고 도움을 청하도록 교실 가장 높은 곳에서 파수를 본다는 느낌으로 수업을 한다. 아이가 정한 무언가를 선생은 돕는다는 느낌으로 역할을 바꾸는 것이 틀을 깨는 과정이다. 교사가 틀을 깨는 것은 가르치고 배울 수 있는 종류의 것이 아니다. 어쩌면 배우는 아이보다 가르치는 교사가 틀을 더 깨기 어려울 수 있다.

듀이는 가짜 교사임이 들통나고 학교에서 쫓겨난다. 아이들과 함께 준비하던 공연 역시 무산될 위기에 놓인다. 이때 보여주는 아이들의 선택을 주목해 보자. 아무것도 모를 것 같은 아이들은 이 상황을 정확히 파악하고 있다. 밴드 프로젝트는 듀이가 수업 시간을 때우기 위한 궁여지책이었음을 알아낸다. 그래서 정작 성적을 올릴 공부를 하지 못하고 시간을 낭비했다는 것도 알게 되었다. 하지만 듀이가 열정적으로 가르쳤고, 자신들도 내적 욕망을 키우고 불안을 잠재울 수 있었다는 것도 깨닫는다. 아이들끼리 격론이 벌어진다. 그런데 예상치 못한 결정을 한다.

좋은 선생님이었어. 대회에 못 나가서 아쉬워.

그럼 어떻게 하지.

몰래 나가서 대회에 참가하자.

아이들은 학교를 빠져나와 모든 걸 포기하고 있던 듀이를 찾아 대회에 참가한다.

누구나 틀이 자신을 속박하는 순간이 오면 틀을 깨야 한다고 생각한다. 그러나 깨는 것이 쉽지 않다는 것도 안다. 자신을 막고 있는 틀이 무엇인지 아는 것부터 시작해야 한다. 틀은 자신을 가두는 역할도 하지만 틀 자체가 보호하는 역할도 한다. 틀이 거추장스럽다고 느끼는 것은 보호의 역할은 끝나고 구속의 역할이 강해졌다는 것을 느꼈기 때문이다. 틀의 존재를 느꼈어도 어느 정도로 힘을 줘야 깨지는지 경험해 보기 전까지는 자신을 감싼 틀이 어떤 것인지 정확히 알 수 없다. 또한, 극복하고 깨라고 누가 시킨다고, 타인이 압박한다고 깨질 틀이었다면, 틀은 애초에 존재하지도 않았을 것이다. 그러나 현실은 늘 틀이 존재하고, 성장할 때마다 큰 장벽으로 다가온다. 특히, 가르침에서 틀은 존재하는 것 같으면서도 실상은 눈에 보이지 않고, 존재를 느끼지 못하다가도 어느 순간에 자신을 가로막는다. 그래서 틀을 깨는 것이 어렵다.

듀이와 아이들은 서로의 틀을 깬다. 혼자 고민했을 때 자신들을 가로막는 틀은 상상 속에서 존재했다. 욕망과 불안을 제대로 보지 못해 욕망을 실현하는 것도, 불안을 잠재우는 것도 실천하지 못했다. 눈에 보이지 않는 틀이 있다고 여기고 넘을 생각을 못했던 것이다. 듀이는 자기의 실력은 생각하지 못하고 세상이 자기를 알아주지 못한다고 여겼고, 아이들은 세상이 정해준 길을 경쟁하며 달리는 것이 옳은 배움이라 여겼다. 어설픈 듀이와 똑똑한 아이들이 만나 가르침과 배움이 부딪쳤다. 기존의 가르침과 배움과 전혀 다른 형태가 나타났다. 그때 듀이와 아이들은 상대를 통해 비로소 각자의 모습을 볼 수 있었다. 아이들에게도 보이지 않던 틀이 드러났다. 드러난 틀은 아이들을 가로막고 있었다. 그 순간 아이들은 세상이 정한 기준을 버리고 자신이 원하는 것에 도전하는 것을 선택했다. 듀이가 깬 틀과 아이들이 깬 틀은 다소 차이가 있다. 듀이는 생존을 위해 틀을 깼다면, 아이들은 성장을 위해 틀을 깼다.

난 실력이 없어. 인정할게. 너희들은 열 살인데 벌써 날 능가했어.

무대에 오르기 직전 평소 연습한 듀이의 노래가 아닌 아이들이 만든 노래로 공연을 펼치기로 한다. 우승이 아니라 멋진 공연이 목표였다는 처음의 다짐을 상기시킨다.

교사가 아이들에게 자신이 어떤 모습인지 밝히는 것은 쉽지 않다. 특히, 교사는 아이들에게 못하는 것을 들키고 싶지도, 인정하고 싶지도 않다. 틀을 깬다는 건 또 다른 성장의 단계에 서는 것이다. 그 틀은 사회와 세상이 만든 것도 있지만 거의 대부분 무수히 많은 자신의 선택이 모여 만들어진 기준이다. 앞서 틀은 보호와 장벽의 두 가지 기능이 있다고 했다. 그런 틀이 불편해진다는 것은 교사로서 성장의 순간이 왔다는 증거다. 틀을 깰지, 틀을 넘을지, 아니면 순응하고 포기할지는 틀이 보이는 그 순간에 결정된다. 당신은 어떤 선택을 할 것인가? 결과는 틀을 만난 당신의 선택에 달렸다.

스쿨 오브 락(School of Rock, 2003)

감독 : 리처드 링클레이터

출연 : 잭 블랙(듀이 핀 역), 조안 쿠삭(로잘리 멀린스 역), 마이크 화이트(네드 쉬니브리 역), 사라 실버맨(패티 디 마코 역) 외

자기기만이라는
강력한 유혹

 쿨러닝

교사는 성과를 내기 어려운 직업이다. 그러나 경험과 경력이 쌓이면 초임 때와 다른 성과를 내기도 한다. 교사의 성과는 수치화되거나 보이는 것은 아니다. 대신 가르침의 방법은 정교화되고, 불필요한 것은 줄이며, 나름 체계화된 가르침의 방식이 정립된다. 비로소 숙련된 경력 교사가 되는 것이다.

이때 중요한 관문에 선다. 적당함과 나태함으로 하루하루를 보낼 것인지, 새로운 다른 도전으로 자신의 성과를 시험에 볼 것인지 선택한다. 물론, 누가 시키는 것도 아니고 주목하지도 않는다. 오로지 자신만이 알 뿐이다.

바람직한 민주시민 육성이란 교육의 목표는 수치화하기 어렵다. 매일 교육활동을 하지만 가시적인 성과를 드러내기 어렵고 효과가 나더라도 훌쩍 시간이 지난 후에 판별난다. 대부분의 교육활동은 수업이란 일상적인 활동으로 이뤄지고, 매번 비슷하게 진행되어 결국 일상에 묻힌다. 교육의 성과는 즉각적으로 나오기 어렵고, 또한 성과가 나지 않는다고 해도 누가 뭐라 하지 않는다. 장점은 이후 아무런 성과가 나오지 않아도 아무도 지적하지 않는다는 것이다. 단점은 아무도 지적하지 않지만, 가장 초조한 사람은 당사자라는 점이다. 이것이 교육의 성과에 대한 특수성이다. 그런데 교육의 성과에 대한 특수성은 경력 교사에겐 고민의 요소가 된다.

교사도 사람이다. 사람이라면 누구든 인정받고 싶어 한다. 타인의 인정을 받기 위해서 가장 확실한 것은 눈에 보이는 성과다. 성과가 뚜렷하지 않는 직업의 특성상 성과라고 인정받으려면 남들과 다른 무언가가 필요하다. 성과를 인정받기 위해선 두 가지 조건이 있다. 하나는 남들보다 탁월한 것이고, 또 하나는 남들에게 없는 특별함이다. 그러나 교육적 성과는 눈에 보이지 않은 것이 대부분이다 보니 교육활동을 오래 해도 남들보다 탁월하거나 특별한 것을 찾기 어렵다. 바람직한 민주시민교육을 목표로 하는 교사가 탁월함과 특별함을 찾는 것 자체가 모순이다. 물론, 탁월하고 특별하게 잘 가르치는 교사는 존재한다. 교사라면 누구나 꿈꾼다. 그것은 교사이면서 직업인으로서 당연하면서도 원초적인 욕망이다.

하지만 조심해야 할 것이 있다. 욕망은 자신을 단련하는 데 써야 하는데 타인과 경쟁하는 데 쓰면 교육에선 독이 된다. 그러면 교육의 본질을 놓쳐 욕망이 자신을 지배하는 일이 벌어진다. 욕망이 탐욕으로 변하고 그것에 지배당해 나락으로 빠져 망가지는 사례는 무수히 많고, 교사에게도 찾을 수 있다.

세계 최고 선수였지만 부정행위로 불명예 은퇴한 블리처가 눈도 내리지 않는 자메이카의 선수들과 1988년 캘거리 동계올림픽에 참가한다는 내용의 영화 〈쿨러닝〉에는 승리와 성과에 집착했던 블리처가 무엇 때문에 자신의 과오를 되돌아보는지 그 이유가 담겨있다.

난 더 이상 봅슬레이를 하기 싫어. 코치는 더 싫고. 무엇보다 봅슬레이 선수 옆에도 가기 싫은 사람이야.

1988년 서울올림픽에 출전이 좌절된 육상선수 데리스는 봅슬레이로 동계올림픽에 도전한다. 눈이 내리지 않는 더운 나라 자메이카에서 봅슬레이를 하려는 이유는 이곳에 과거 유명했던 블리처가 있기 때문이다. 봅슬레이를 전혀 모르는 데리스와 그의 동료들이 도움을 요청하지만, 블리처는 한칼에 거부한다. 하지만 끈질긴 데리스의 열정에 마음을 연 블리처와 자메이카 봅슬레이팀은 우여곡절 끝에 동계올림픽이 열리는 캐나다 캘거리로 향한다. 봅슬레이 장비 하나 없는 자메이카팀은 미국팀에게 구걸하다시피 한 연습용 장비로 예선전에 나선다. 예상과는 달리 자메이카팀은 기준 기록을 넘어 본선에 진출한다. 하지만 자메이카팀에겐 또 다른 복병이 기다리고 있었다. 그것은 부정행위로 선수 자격이 박탈당한 블리처의 과거다. 신뢰를 잃어버린 블리처를 탐탁지 않게 여기던 심판들은 규정을 바꾸는 담합

을 하여 자메이카팀의 본선 진출을 막아버린다. 이에 분노한 블리처
는 심판들을 찾아간다.

이건 부당한 일입니다. 전 16년 전 인생 최대의 실수를 했어요. 부정
행위를 했죠. 전 바보였어요. 나 자신은 물론, 가족과 동료, 조국을 부
끄럽게 했죠. 복수를 원한다면 절 당장 쫓아내세요. 대신 선수들에겐
기회를 주세요. 비웃음을 받으면서도 최선을 다한 선수들입니다. 선
수들은 운동선수로서 가질 최고의 영예를 안고 자기 조국의 명예를
위해 출전했어요. 전, 16년 전의 전 멍청하게도 그걸 잊었지만요.

블리처는 자신의 과오가 무엇이었는지 반성하고 인정한다. 자신 때
문에 있는 규정까지 바꿔가며 자메이카팀을 떨어트리려고 하는 심판
진에게 올림픽 정신을 말하며 선수들을 구제해 달라고 부탁한다. 진
실된 후회와 반성이 통했는지 본선 진출이 허락된다. 선수들도 블리
처가 해결했다는 소식에 안도한다.
데니스는 그동안 물어보지 못한 궁금함을 털어놓는다.

데리스: 코치님, 물어볼 것이 있어요. 하지만 대답하기 싫으시면 안
하셔도 돼요.
블리처: 내가 부정을 저지른 이유를 묻는 거지?
데리스: 대답을 안 하셔도 이해해요.
블리처: 난 평생 승리만 했어. 그러다 보니 무슨 일이 있더라도 승리

만 해야 했어. 내 말 이해하겠니?

데리스: 아니요. 금메달은 이미 두 개나 땄잖아요. 부러운 게 없었잖아요.

블리처: 금메달은 좋은 거야. 하지만 그게 없어서 부족함을 느낀다면 있어도 마찬가지야.

데리스: 충분하다는 건 어떻게 알죠?

블리처: 네가 결승선을 넘을 때 알게 될 거야.

데리스는 블리처에게 코치를 부탁하면서 철저하게 따르겠다고 다짐한다. 그러면서도 블리처에게 궁금한 것도 있었다. 올림픽 2연패에 부와 명성을 한 몸에 누리던 그가 왜 부정행위를 저지르려 했는지 데니스는 이해가 안 되었다. 실력이 부족한 것도 아니었는데 왜 그랬을까? 블리처는 지는 법과 패하는 법을 몰랐다. 블리처는 강박이 있었다. 자신은 최고여야 하고 그 자리에 자신만 있어야 한다고 생각했다. 누구보다 실력이 뛰어났기에 자만심도 누구보다 컸다. 일등을 하는 것만이 자신의 존재를 증명하고, 인정받을 수 있는 것이라 여겼다.

출전 자체만으로도 최선의 성과라고 여기던 데리스는 블리처를 다 이해할 수는 없었다. 하지만 자메이카팀의 본선 마지막 시도에서 그 가치가 무엇인지 깨닫는다. 쾌조의 스타트와 경기 운영으로 1위 팀인 스위스와 막상막하의 기록 경쟁을 펼치던 자메이카팀은 낡은 장비가 더 이상 견디지 못하고 전복되고 만다. 팀원들은 가까스로 정신을 차리고 운영요원들의 도움 없이 부서진 장비를 들고 결승선을 통과한다. 그들이 처음 품었던 목표인 올림픽 출전과 결승선 완주를 이룬 것이다.

영화 〈쿨러닝〉은 실화를 바탕으로 하고 있지만, 블리처 코치는 가상의 인물이다. 블리처를 통해 평소 잘 주목하지 않는 지점을 생각해 볼 수 있다. 교사의 성과는 좀처럼 계량되지 않는다고 했다. 그러나 성과가 없는 것도 아니라고 했다. 성과가 났을 땐 온전히 혼자의 힘으로 된 것이 아닐 수 있다. 교육은 특성상 교사들의 협력이 중요하고, 누적해서 쌓여온 자료와 결과가 지금의 교육에 영향을 주는 것도 사실이다. 그렇기에 성과가 났다는 것은 협력의 결과물일 가능성이 더 크다. 교사의 협력은 일상이다. 그래서 성과가 나더라도 협력한 교사들은 자신만의 성과로 여기지 않는다. 그렇게 나온 성과도 교사의 자존감과 자긍심을 높이는 데 도움을 준다.

그런데 협력의 결과로 나온 성과를 혼자 해냈다는 착각을 할 때가 있다. 협력의 가치를 피상적으로 바라볼 때 나타난다. 협력은 눈에 보이는 것에만 있는 것이 아니라 보이지 않는 곳에서도 일어난다. 또 이전 다른 교사들의 노력이 쌓여 지금의 성과가 나온 것일 수도 있다. 자신이 성과를 내는 데 주도적인 역할을 했다고 여기면 성과의 결과를 나누는 것이 불공정하다고 생각한다.

특히, 교육의 성과는 자주 나오지 않는다. 하지만 성과가 나오면 찬사를 받는다. 이때 받는 찬사는 평소에 받기 어려운 희소성 때문에 큰 희열이 생긴다. 그러나 찬사는 잠시뿐이다. 교육활동은 일상의 연속이고 교사는 다시 수업이란 일상에서 성과가 보이지 않는 시간을 보내야 한다. 성과가 없던 시절엔 하루하루를 버티기 위해 노력하고 지내다 보면 시간이 흘렀지만, 어느 정도 경력이 쌓이고 가르침에 효율성이 생기고 성과도 심심치 않게 보이면 가르침의 일상은 무료함으로 느껴진다. 잠시였지만 성과로 받은 찬사가 그립다. 또 느끼고 싶다는 열망이 스멀스멀 올라온다.

블리처가 부정행위를 저지른 시점과 비교해 보면 그 느낌이 무엇인지 간접경험 할 수 있다. 블리처는 한 번의 부정행위로 선수 경력 전체와 자신의 성과 전부를 날렸다. 스포츠에서 규칙을 속이는 기만행위는 매우 엄격하게 처벌한다. 하지만 교사는 기만행위를 하더라도 별 표가 안 난다. 이것이 블리처와 교사의 차이점이다. 교사는 자기기만을 조심해야 한다. 앞서 교사의 삶은 특별한 성과가 없어도 주목받지 않는다고 했다. 그것은 성과 없음에 대한 비판이 없다는 뜻이다. 하지만 성과를 내고 주목받기 시작하면 상대적으로 많은 주목을 받게 된다. 그 주목을 놓치고 싶지 않을 때 자기기만으로 나타난다.

교사의 성과는 혼자 거둔 것이 아니다. 혼자 수업 방법과 자료를 개발했다고 생각하지만, 누대에 걸친 수많은 교사의 생각이 결집된 것이 지금의 교육 이론과 방법이다. 지금도 교사 커뮤니티에는 무수히 많은 무명 교사의 보석 같은 자료가 대가 없이 배포되고 있다. 자기기만은 이런 유무형의 영향을 받지 않고 오로지 자신의 힘으로 성과를 냈다고 믿는 것에서 나온다. 그래서 자신은 특별하고 대단하다고 여긴다. 교사는 대학에서 양성되고 자격증을 받는다고 해서 완성되지 않는다. 성과가 나지 않는 시절 동안 무수한 실수와 실패를 바탕으로 조금씩 완성된다. 수집하고 정리하고 체계를 완성해서 공유하고 배포하여 성과를 인정받았다 할지라도 그 과정을 혼자 해냈고 그러기에 성과와 찬사는 자신이 가져야 한다는 것이 자기기만이다.

자기기만은 자신을 대단하고 탁월하다고 여기는 또 다른 자아를 만든다. 허상으로 만든 것이기에 무너지지 않기 위해선 남들에게 성과를 계속 보여줘야 한다. 교육은 별다른 성과가 없는 것이 특징이고 그 성과는 간헐적으로 나오는데 계속 성과를 보여줘야 한다는 것은 없는 성과라도 만들어야 한다는 강박까지 간다. 자기기만이 부정행위로 변하는 것은 시간문제다. 자기기만이 무서운 점은 처음 생겼을 때 모르다가 이것이 표면에 드러나면 되돌리기 어려울 수준으로 정신과 육체가 피폐해진다. 자기기만에 빠진 교사를 가끔 본다. 자신을 대단하고 탁월하다고 여기는 이면에는 누구보다 인정받고 싶은 열망이 있고, 우월감을 강조하는 만큼 열등감이 바닥에 깔려있다.

자기기만에 빠진 교사는 누구에게 도움을 받을까? 거의 도움받지 못한다. 아니 도움 줄 수 없다. 스스로 빠졌기 때문에 누구에게 탓을 할 수 없고, 천천히 그리고 오래 지속되었다면 더욱더 도움 받지 못한다. 그러나 유일하게 자기기만을 확인할 수 있는 거울이 있다. 그것은 바로 아이들이다.

블리처가 자기기만에서 벗어날 수 있었던 것은 데니스를 비롯한 자메이카 선수들 덕분이다. 승패와 관계없이 도전하고 참여하는 선수들의 모습에서 블리처는 자기의 모습을 온전히 바라보며 반성하고 참회할 수 있었다. 자기기만이 자기혐오로 빠지지 않도록 해준 것도 선수들이다.

자기기만에 빠지려고 원하는 교사는 없다. 그러나 성과가 나는 순간부터 자기기만의 유혹은 온다. 그 유혹에서 벗어나는 방법 역시 아이들에게 집중하는 것에 있다. 더 이상 가르칠 새로운 기법이 없다고 생각하는 경력 교사들이 아이들에게 더 집중하는 것은 이 때문이다. 그 속에서 무얼 찾는가? 바로 가르침과 배움의 초심을 잃지 않기 위해 몸부림치던 자기 모습을 본다. 성과에 취하고 인정받으려는 열망에 자신을 채찍질하지 않으며 자신의 열등감에 침몰하지 않도록 다잡는다. 가르침과 배움의 가장 기본적인 것은 무엇이며, 가장 기초적인 것은 무엇인지 다시 찾고 밝히는 과정을 지속하는 것. 그것이 성과를 낸 경력 교사가 자기기만에 빠지지 않기 위해 해야 할 가장 중요한 일이다.

쿨러닝(Cool Runnings, 1994)

감독 : 존 터틀타웁

출연 : 리온(데리스 배녹 역), 더그 E. 더그(싱카 코피 역), 롤 D. 루이스(주니어 비빌 역), 마리 교바(율 브레너 역), 존 캔디(어빙 어브 블리처 역) 외

금메달은 좋은 거야.

하지만 그게 없어서 부족함을 느낀다면

있어도 마찬가지야.

영화 〈쿨러닝〉 중에서

교사에게는
일탈이 필요하다

교사의 길은 길고, 삶은 단조롭다. 하는 일에 비해 보상은 명확하지 않고, 경력이 쌓여가는데 실력과 능력이 향상된다는 느낌도 잘 들지 않는다. 또 가르치고 배우는 과정은 점점 복잡해지고, 어려워진다. 경력은 가르치는 방법을 정돈시키고, 요령은 늘게 하지만 필연적으로 열정은 사그라지게 한다. 열정은 가르치고 배우는 과정에서 생기는 무수히 많은 문제 상황과 갈등을 이겨낼 수 있는 원동력이었다. 경험이 적은 대신 젊음에서 나오는 에너지는 열정으로 승화되어 이것을 가능하게 했다. 하지만 나이가 들고 경험이 많아지면서 자연스럽게 열정은 누그러지고 사라지면 교사는 또 다른 열정을 찾거나 탈출을 꿈꾼다.

덴마크 코펜하겐의 한 고등학교에서 근무하는 4명의 교사는 서로 친구다. 그들은 아이들을 가르치는 일을 오래 하면서 열정은 사라져 버리고, 인생은 지쳐가며 우울하다. 니콜라이의 40번째 생일을 맞아 저녁 식사를 하던 중 이들은 적당히 취한 상태로 있으면 창의적이고 활발해진다는 이론을 주제로 토론하다 술 마시고 출근하면 수업이 잘될 것인지 직접 실험을 한다. 십대의 치기 어린 장난 같은 이들의 실험이 과연 어떤 결과를 초래할지 궁금하다. 열정이 떨어진 교사들이 진정으로 바랐던 것은 무엇인지 영화 〈어나더 라운드〉는 그 힌트를 준다.

> 노르웨이의 철학자이자 의사인 핀 스콜데루드에 따르면, 혈중알코올농도가 0.05로 유지되면 느긋해지고, 음악적이고 개방적으로 변한대. 결국 대담해진다는 거지. 자신감이랑 용기가 좀 더 있으면 좋긴 하지.

니콜라이가 말한 이 이론은 틀렸다. 과학적 실험 결과에서 나온 것이 아니라 니콜라이의 상상 이론이었다. 그러나 평상시 학교생활에 진절머리가 난 4명의 교사는 뭔가 새로운 활력소가 될 것으로 생각하고 이걸 실행에 옮겨보기로 한다. 역사를 맡고 있는 마르틴은 술을 마시고 수업을 하니 평소에 답답했던 무언가가 뻥 뚫리는 느낌이 들고 예전의 활기찬 모습도 되찾는다. 마르틴의 활기는 아이들에게 전해지고 평소보다 수업은 더 잘되었다. 친구들은 좀 더 과감한 실험을 한다.

술은 그들에게 자유와 활력을 주었다. 하지만 대가를 치러야 했다. 술이 가장 약했던 체육 교사 톰뮈는 술에 취해 학교에서 추태를 부리다 해고당하고 졸업식 날 극단적인 선택으로 생을 마감한다. 다시 허무함과 허탈감에 빠진 세 친구들은 톰뮈였다면 세상을 떠날 때 무엇을 했을까 생각해 본다. 열정이 사라져 버려 지치고 우울했던 삶에서 술은 열정을 다시 살아나게 했고, 세상을 떠나는 날이 오더라도 그 열정을 만끽하고 싶었을 것이라 생각한다. 마침 그때 졸업 축하 파티를 하려 바닷가로 가는 아이들 무리를 보게 된다. 아이들 무리에 끼어 한바탕 술 축제를 하는 것으로 영화는 마감한다.

학생에게 학교는 배움의 터전이지만, 교사에게 학교는 직장이다. 교사는 학교에서 월급받고 생활하는 직장인이다. 물론, 학교는 다른 직장과 달리 미성숙한 아이를 대하고 그들을 가르치는 특수한 역할을 담당한다. 아이는 성장의 과정을 겪으며 학교생활을 하고, 교사는 그런 아이들의 성장 과정을 무수히 바라보며 직장생활을 한다. 3월에 미성숙한 아이들을 만나 우여곡절 끝에 다음 해 2월 훌쩍 성숙해진 아이들을 보내고 나면, 다시 다른 미성숙한 아이들을 만나서 똑같은 일을 반복해서 해야 하는 숙명을 가졌다. 여느 직장인들처럼 가정을 꾸리고, 아이들뿐 아니라 사회생활을 하며 만난 다른 이들과 관계를 맺고 유지한다. 그러나 그 관계는 한정적이고, 변화의 폭이 넓고 크지 않다.

거기다 다른 직업보다 오래 한다. 같은 일을 계속 반복한다는 것은 여느 직장인과 다를 바 없지만, 수업은 반복적이면서도 반복적이지 않다. 해야 할 수업은 정해져 있지만 수업을 받는 아이들은 매번 다르기 때문이다. 아이들에게는 처음이지만, 교사는 처음이 아니라 익숙해진 상태다. 경력이 더할수록 처음에 있던 가르치는 열정은 조금씩 사라지고, 이골이 난 상태가 지속되면 매너리즘에 빠진다. 틀에 박힌 일상적 방식과 태도 때문에 신선미와 독창성을 잃어버리는 매너리즘이 무서운 이유는 처음엔 표가 나지 않다가 일정 수준이 넘어가면 이전의 활기찬 모습으로 되돌리기 어렵기 때문이다. 특히, 경력이 쌓인 교사에게는 이것이 가장 치명적이다. 매너리즘은 교사에게 무기력을 가져온다. 그런데, 여기에 또 다른 문제가 분기한다.

배우는 것이 신선하고 재미있어하는 아이들을 가르치면 매너리즘에 빠질 여지가 적다. 하지만 현실의 아이들은 교사보다 더 무기력하게 교실에 앉아 있는 경우가 더 많다. 교사의 매너리즘이 무기력에 빠진 아이들을 지도하다 생기는 경우라면, 아이들의 무기력은 새로운 것을 또 해야 하는 버거움과 귀찮음을 기반으로 하기에 그 결이 비슷하면서도 다르다. 매너리즘에 빠진 교사가 무기력한 아이를 가르쳐야 한다는 상황이 비극의 시작이다.

매너리즘에 빠진 사실을 알게 되면 혼란스럽다. 교사도 마찬가지다. 특히, 성인이 아닌 아이를 대해야 하는 교사가 매너리즘에 빠지면 견디기 더 어렵다. 아이들은 교사가 매너리즘에 빠진 채 허우적거리는 것을 이해하지도, 이해해 주지도 않는다. 수업에 대한 호기심과 집중력을 잃어버려 탈출구를 찾고 싶어 하는 아이들은 오히려 교사의 매너리즘이 보이면 공격의 빌미로 삼는다. 교사는 매너리즘에 빠졌을 때 더욱더 숨기려고 한다. 그래서 활기를 더 잃고, 공격과 비난을 받지 않기 위해 소극적으로 변한다.

매너리즘을 벗어나기 위해선 변화가 필요하다. 이때의 변화는 일상에서 잠시 방향을 튼 소극적인 움직임으로는 효과가 없다. 현실을 잊기 위해 여행을 다녀와도 쳇바퀴처럼 도는 일상이 바뀌지 않는다면 여행에서 느낀 잠시의 해방감이 매너리즘을 벗어나는 데 도움이 되지 않는 것과 같은 이치다. 파격에 가까운 일탈의 수준이어야 한다. 변화도 두려운데 일탈이라니? 하지만 용기를 내어 좀 더 일탈에 다가가 본다.

"교사인 당신은 어떤 일탈을 꿈꾸나요?"
"그 일탈을 실행에 옮겨본 적이 있나요?"
"어디까지 일탈을 해봤나요?"

누군가 이렇게 물어본다면 당신은 무엇이라 대답할 것인가? 평범한 직장인, 사회인도 획기적인 일탈을 답하기 어렵지만, 교사는 더 어렵다. 왜일까? 가르치는 일을 하면서 가장 많이 하는 것은 아이들에게 정해진 규칙을 계속 상기시키는 것이다. 해도 되는 것보다 하면 안 되는 것을 더 많이 말하는 교사는 그것을 자기에게도 똑같이 적용한다. 즉 매너리즘을 탈출하기 위해 방법을 찾아야 한다고 생각하면서도 일탈에 가까운 급격한 변화는 두려워하여 스스로 구속한다. 매너리즘에 빠진 교사는 일탈을 꿈꾸지만, 일탈을 해본 적이 별로 없다. 일탈을 해선 안 된다고 가르치면서 자신이 일탈을 하는 것은 이율배반적이기 때문이다.

생각해 보면 일탈은 누구나 한다. 일탈은 쾌락의 시작이지만 파멸의 끝이라 했던 아리스토텔레스, 일탈은 인간의 본능이지만 그것을 억누르지 못하면 괴물이 된다고 했던 괴테, 일탈은 한 번의 실수일 뿐이지만 그것을 반복하면 습관이 되고 습관이 되면 죄악이 된다고 했던 셰익스피어의 말을 굳이 인용하지 않더라도, 수없이 많은 이가 일탈을 경계했던 이유는 일탈 때문에 곤욕을 치른다는 것이 특정한 누구에게만 일어나는 것이 아니라 모든 사람에게 일어날 수 있기 때문이다.

교사도 마찬가지다. 매너리즘에 빠지면 일탈을 꿈꾸지만, 한 번의 일탈로 모든 것을 잃어버리지 않을까 하는 두려움과 공포심이 있다. 매너리즘에서 탈출하기 위해 일탈을 꿈꾸지만, 일탈했다간 나락에 떨어질 것 같고, 교사 이외에 다른 것을 할 용기는 없어 탈출하기 어려워 다시 매너리즘 속에 살아야 한다면 무엇을 선택해야 할까?

본업인 교사의 모습을 유지하면서 또 다른 자아를 하나 더 만들면 어떨까? 근무시간에만 교사의 역할을 충실히 하고 퇴근하면 교사이기에 하지 못했던 것을 하면 어떨까? 교사의 정체성을 숨길 수 있다면 더 좋을 것이다. 퇴근 후의 시간이 모자르다면 방학을 이용해도 된다. 규칙이나 규정을 어기지 않거나 품위를 유지하는 최소한의 방어책만 마련해 둔다면, 교사가 아닌 다른 삶을 즐기면서 본업도 유지하고 매너리즘을 극복할 수 있을 것이다.

과연 이 방법은 해결책이 될 수 있을까? 교사의 정체성을 아무리 숨긴다고 해도 몸에 밴 습관의 향기는 뿜어져 나온다. 그렇다면, 교사의 삶과 교사가 아닌 삶을 분리시켜 사는 것은 불가능하단 말인가? 가능하다. 교사의 향기가 배 있어서 더 안전하게 할 수 있다. 역설처럼 들리지만, 잘 생각해 보면 분리된 삶을 산다고 해도 몸에 밴 교사의 향기 때문에 나쁜 짓을 할 가능성은 작다. 교사이기에 이런 조절력은 어떤 직업인보다 뛰어나다. 적절히 조절할 수 있으면 충분하다.

영화 〈어나더 라운드〉에선 그 방법으로 술을 택했다. 왜 하필이면 술이었을까? 술은 평소 감춰둔 감정을 드러낼 수 있는 도구다. 주인공들은 평소에도 술을 마셨다. 마르틴을 비롯한 4명의 교사는 퇴근 후에 함께 술을 마시면서 스트레스를 풀었다. 술을 마시면서 평소 교사로서 보여주지 않았던 일탈의 모습을 드러내며 즐겼다.

그렇다면 이 영화에서 술은 어떤 의미가 있는 것일까? 생각을 조금만 바꿔보자. 영화 속에서 술은 무기력에 빠진 교사들이 일탈을 위해 선택한 매개물이었다. 그렇다면 현실의 교사도 술을 마시면서 수업하란 말인가? 아니다. 일탈을 설명하기 위해서 술을 썼을 뿐이다. 그럼, 약간의 상상력이 필요하다. 주인공들이 일탈을 꿈꿨던 것처럼 매너리즘에 빠진 일상에서 일탈을 할 수 있는 무언가를 상상해 보는 것이다. 그 자체를 판타지로 생각해 보면 안 될까?

영화의 처음과 끝은 아이들이 술을 마시고 취해 즐겁게 노는 모습을 보여준다. 술은 아이들에게도 금기이자 일탈의 도구다. 아이들과 술 마시며 춤을 추는 장면으로 영화는 마무리한다. 현실에서 이것이 가능한가? 불가능하다. 그렇지만 판타지라고 생각하고 상상의 장면을 상정해서 이야기를 나누면 어떨까? 아이들과 나누기 어렵다면 동료 교사들과 나눠도 좋다.

"뭐 어때? 상상이잖아."

"선생님들이 꿈꾸던 일탈은 무엇이었나요?"

"저는 이런 일탈을 생각해 본 적이 있어요."

매너리즘에 빠진 중년의 경력 교사들이 일탈을 주제로 토론을 벌이는 상상을 해본다. 의외로 재미있을 것이다.

이것이 가능하다면 아이들과 관계에서도 좀 더 도움이 될 수 있다. 특히, 무기력에 빠진 아이들을 대하는 것이라면 큰 도움이 될 것이다. 무기력한 아이는 교사의 지도에 관심이 없다. 오히려 하고 싶은 것을 억누르고 있거나, 하고 싶은 것 자체가 없는 경우도 있다. 가르치는 교사도 같은 이유로 힘들어했던 이야기를 시작한다면 무기력한 아이에게 다른 형태의 자극이 되지 않을까?

무기력을 경험했던 교사와 지금 무기력한 아이가 그것을 탈출하기 위한 상상의 나래를 펼치는 것 자체가 하나의 판타지다. 뭐 어떤가? 상상은 자유이지 않은가? 상상을 실행에 옮기기 위해서가 아니라 그 속에서 무기력의 이유를 찾을 수도 있고, 무엇보다 교사와 아이가 대화의 실마리를 찾을 수 있다는 점에서 의미가 있다.

교사는 매너리즘에 빠지지 않게 일탈을 꿈꾸고 무기력한 아이는 그런 교사와 대화하면서 또 다른 형태의 안도감을 느낄지도 모른다.

일탈을 주제로 삼고 이야기를 나누다 보면 또 다른 활로가 열린다. 교사도 아이도 비슷한 동질감을 느낄 수 있다면 매너리즘과 무기력을 떨쳐내는 기회가 될 것이다.

어나더 라운드(Another Round, 2022)

감독 : 토마스 빈터베르그

출연 : 매즈 미켈슨(마르틴 역), 토머스 보 라센(톰뮈 역), 라르스 란데(피터 역), 마그누스 밀랑(니콜라이 역) 외

우린 알코올중독자가 아니야.

언제 마실지 우리가 정하잖아.

중독자들은 그렇게 못해.

영화 〈어나더 라운드〉 중에서

교사라는 이름의
나침반

홀랜드 오퍼스

학생을 가르치는 것만큼이나 가족과의 관계 역시 교사의 행동 양식에 큰 영향을 준다. 어쩌면 교실에서 학생을 가르치는 것보다 가정에서 자기 자녀를 가르치는 것이 더 어려울지도 모른다. 그러나 교실에서 학생을 지도하는 경험에 가정에서 아이를 양육하는 경험이 더해지면 비로소 교사는 가르침의 깊은 맥을 볼 수 있다. 하지만 가르치는 일과 가정을 이루고 부모가 되는 일은 병립하기 어렵다. 이 중심을 잘 잡기 위해 어떻게 해야 할까?

위대한 음악가가 되길 원했지만, 생계를 위해 고등학교 음악 교사가 되어야 했던 홀랜드. 그를 통해 교사의 길과 부모의 길에서 고민하는 한 인간이자 교사의 인생 전체를 살펴볼 수 있는 영화 〈홀랜드 오퍼스〉의 이야기 속으로 들어가 본다.

교직을 꿈꾸며 교사가 된 예도 있지만, 어떻게 하다 보니 교사가 된 경우도 있다. 어떤 경우이든 학교에 출근하고 교단에 선 순간부터 교사로서 임무와 역할을 부여받는다. 잘 준비해도 이상과 현실에서 방황하는 것이 교사의 첫 시작인데, 홀랜드는 '어쩌다' 교사가 되었으니 그 혼란은 더 크다.

> 제이콥: 첫날에 흥분되지 않나요?
> 홀랜드: 사실, 전 교사는 최후의 방책으로 생각했거든요.
> 제이콥: 당신의 앞날이 걱정되는군요.

교실을 찾지 못해 허둥대는 홀랜드를 바라보는 제이콥 교장은 걱정이 앞선다. 홀랜드를 돕기 위해 여러 가지 교육적 지시를 하지만, 정신이 없는 홀랜드에겐 들리지 않는다. 홀랜드는 교사가 되려고 한 것이 아니기에 제이콥 교장의 도움은 간섭으로 느껴진다. 그래도 월급을 받고 생활을 해야 했기에 꾸역꾸역 참고 견딘다.

> 제이콥: 지난 5개월간 당신을 지켜봤어요. 당신처럼 수업만 끝나면 사라지는 교사는 처음 봐요.
> 홀랜드: 전 매일 제시간에 옵니다. 저도 최선을 다하는 중이에요.
> 제이콥: 교사에겐 두 가지 임무가 있어요. 지식을 전달하는 것도 좋지만, 학생들에게 방향을 제시하는 나침반의 역할이 더 중요해요. 당신은 나침반이에요.

홀랜드는 교장의 지적을 지나친 간섭이라 생각해 이해하지 못했다. 학교는 교사를 그냥 호락호락하게 시간만 보내도록 두지 않는다. 미성숙한 아이와 대면하는 교사의 삶은 예측할 수 없는 곳에서 시험대를 맞이한다. 홀랜드 역시 마찬가지다. 월급 이상의 일을 하지 않으려 선을 긋고 살던 홀랜드가 교사로서 자질을 발휘하는 순간이 온다. 밴드부 지도를 맡은 홀랜드는 그나마 자신의 음악적 지식과 기법을 전수하기에 알맞은 곳이라 여겨 나름 최선을 다한다. 하지만 아이들의 실력은 홀랜드의 기대에 미치지 못한다.

아무리 연습해도 소음밖에 나질 않아요. 저도 잘하고 싶어요. 가족 모두 음악과 운동에 재능을 가졌는데 저만 재능이 없어요. 아무리 노력해도 소용없어요. 연습하면 뭐 해요.

아무리 연주해도 실력이 늘지 않는 클라리넷 연주자 랭을 위해 악보가 아닌 감정을 찾도록 하고, 박자를 찾지 못해 허둥대는 드럼 연주자 러스를 위해 클래식이 아닌 아이들이 좋아하는 록 음악으로 박자를 지도하며, 지도자로서가 아니라 아이들의 시각에서 배움의 해법을 함께 찾아간다. 특히, 노래에 특별한 재능을 보였던 모겐을 지도할 땐 홀랜드도 마음이 흔들렸다. 홀랜드는 모겐의 재능을 아꼈다. 그래서 다른 학생들보다 좀 더 많은 지도를 했다. 홀랜드의 이런 모습을 본 모겐은 홀랜드에게 연모의 감정을 느꼈다. 홀랜드는 잠시 망설였다. 마음을 열고 다가오는 모겐을 받아들일 수도 없고, 그렇다고 매몰차게 거부하기도 어려웠다. 고심 끝에 홀랜드는 모겐에게 좀 더 큰 기회를 주기 위해 자신의 인맥을 동원해 소개장을 써주며 대도시의 큰 무대로 나갈 수 있도록 돕는다. 가르침과 배움에서 오는 유대감과 친밀감은 선 하나를 넘으면 도덕적 문제가 생긴다. 교사가 아닌 인간으로서 갈등을 겪는 홀랜드는 자신만의 방식으로 모겐에게 미래를 열어주고 원래 자리로 돌아온다.

홀랜드는 음악가로 성공하진 못했지만, 자식을 훌륭한 음악가로 키우고 싶었다. 하지만 청천벽력 같은 일이 벌어졌다. 어린 콜이 청각에 문제가 생긴 것이다. 콜이 자랄수록 홀랜드의 관심은 콜에게서 멀어진다. 콜에게 맞는 특수교육을 해주고 싶은 아내와 달리 어떻게든 말을 가르쳐서 음악가로 키우겠다는 한 가닥 기대를 버리지 못하던 홀랜드는 감정이 폭발한다. 홀랜드와 콜의 관계가 소원할수록 아내는 콜을 놓지 못한다. 홀랜드는 그런 아내와도 멀어진다. 홀랜드는 아들에게 관심을 주는 대신 학교에 더 몰입한다. 자식보다 학생이 더 중요하냐며 서운해하는 아내와 교사의 역할에 충실하려는 홀랜드. 교사라면 더 마음에 와닿는 장면이다. 둘 다 중요하고 어느 것도 포기할 수 없는 교사의 숙명과도 같다.

제가 멍청이인줄 아세요? 저도 비틀스를 알고 음악이 뭔지 알아요. 아빠가 가장 좋아하는 건데 제가 모를 것 같아요? 전 아빠 아들이라고요.

홀랜드와 콜은 드디어 폭발한다. 존 레넌의 죽음에 슬퍼하는 홀랜드는 그 감정을 알지 못하는 콜의 관심이 귀찮았다. 열정적으로 아이들을 가르치는 홀랜드는 정작 가정에서 아들을 돌보지 않았다. 아들의 장애를 자신이 못 이룬 꿈의 좌절이라 여겼고, 아들에게 음악적 지도를 할 수 없다는 좌절감은 아들과의 관계도 서먹하게 만들었다. 콜은 아버지를 알기 위해 음악에 관심을 가지고 공부를 했지만, 정작 아버지는 한 번도 콜에게 음악을 가르쳐주지 않았다. 지금껏 아버지를 이해하기 위해 노력하고, 기다리고, 참아왔던 콜이 폭발하고 나서야 홀랜드는 자신이 무엇을 잘못했는지 깨닫고, 빛과 수화를 이용해 아들을 위한 연주회를 연다.

학교에서는 학생들의 마음과 감정을 읽어서 그에 맞는 적절한 학습 방법을 찾아내고, 인생의 방향도 제시해주던 홀랜드는 정작 가장 가까이 있는 아들의 마음은 읽지 못했다. 얼떨결에 된 교사에서 사랑과 영혼을 담아 교육하는 참스승으로 거듭나는 순간이다.

평범한 교사였던 홀랜드, 아니 교직의 길이 천직이라고 생각하지 않았던 홀랜드가 어떻게 비범한 교사가 되었을까? 홀랜드가 가르치는 일에 보람을 가지고 매진할 수 있었던 이유는 제이콥 교장과 나눈 마지막 대화에서 찾을 수 있다.

제이콥: 전 은퇴할 겁니다. 몇 년 전부터 마음먹었는데 이제야 지키게 되었군요. 줄 선물이 있어요. 기억할지 모르겠군요.
홀랜드: (나침반 선물을 보며) 오 이런, 영광입니다.

제이콥: 당신은 이 학교 안의 모든 교사 중에서 가장 훌륭한 분이에요.

세월은 흘러 학교의 재정은 열악해지고 홀랜드가 하던 음악 수업도 더는 할 수 없게 된다. 과목이 없어진 홀랜드. 드디어 학교를 떠날 수 있는, 바라왔던 순간이지만 홀랜드는 이미 훌륭한 선생을 넘어 학교의 상징이 되었다. 이사회에서 교육자로서 온 힘을 다해 음악 수업이 왜 필요한지 역설했지만 받아들여지지 않는다. 학교를 떠나야 할 순간이 온다. 평생을 함께한 아내와 화해한 아들이 마지막을 함께 한다. 그런데 강당에서 어떤 소리가 들린다.

선생님은 많은 사람에게 영향을 주었습니다. 선생님의 삶은 실패가 아닙니다. 부와 명성보다 더 성공하셨기 때문입니다. 우리는 선생님 덕에 훌륭히 성장했습니다. 우리가 선생님의 작품이며 교향곡입니다. 우리를 지휘해 주세요.

홀랜드의 은퇴 소식은 작지만, 큰 파장을 몰고 왔다. 그동안 홀랜드의 지도를 받고 사회 각계각층에서 어엿한 사회인으로 생활하던 제자들은 스승을 위해 마지막 선물을 준비했다. 클라리넷을 불지 못해 울먹였던 소녀 랭은 주지사가 되어 졸업생들을 대표하여 홀랜드에게 감사를 전하며 처음이자 마지막으로 홀랜드가 작곡한 아메리카 교향곡이 연주된다.

오퍼스(Opus)는 작품을 뜻한다. 홀랜드의 작품은 음악이 아니라 그가 30년 동안 가르쳤던 수많은 학생을 의미한다. 교사가 나오는 다른 영화와 달리 〈홀랜드 오퍼스〉는 보기 드물게 교사의 삶 전체를 다룬다. 홀랜드는 말이 아닌 행동으로, 인생 전체로 교사로서 겪는 삶의 일대기를 우리에게 보여준다.

　가르치는 기법과 방식을 정교하게 갖추는 것이 전문성의 전부가 아니다. 아이들에게 길만 알려주는 것이 아닌 방향도 잡아주는 나침반의 역할을 해야 한다. 교사가 신도 아닌데 어떻게 길과 방향을 잡아줄 수 있을까? 그것은 교사이기 이전에 아이보다 먼저 살아본 인생의 선배로서 삶의 지혜를 나눠주는 것이다. 한 인간으로서 잘 살기 위해 고민했던 기억과 경험을 나눠주는 것이다. 교사로서의 삶과 인간으로서 삶의 길은 다르지 않다.

　나침반은 항상 북쪽을 향하지만, 순간순간은 늘 흔들린다. 흔들리지만 제자리를 찾아온다는 점에서 오뚝이와 비슷하지만, 교사는 오뚝이의 역할만 요구되지 않는다. 흔들렸다 제자리를 돌아오기도 어려운데, 바른 방향까지 제시해야 하는 나침반의 역할까지 해야 한다. 잘하려고 하면 한정이 없다. 교사에게 성직관을 부여하고 그것을 이상형으로 여겨야 한다는 뜻이 아니다. 북쪽을 지향하면서도 매 순간 흔들리는 나침반을 주목할 필요가 있다. 방향이 정해졌다고 해서 어려움이 없는 것이 아니다.

　흔들리는 학생은 흔들리는 교사와 가르침과 배움이란 관계 속에 교실에서 만난다. 태도와 지식을 배우면서 아이는 차츰 삶의 방향을 정한다. 방향을 정하는 것은 쉽지 않다. 아이는 방향을 정하더라도 매번 흔들린다. 그럴 때 좀 덜 흔들리는 교사가 더 흔들리는 아이에게 먼저 살아본 삶의 경험을 나눠주는 것이 나침반의 역할이 아닐까?

교사도 결혼하고 자식을 낳고 가정을 이룬다. 교실의 학생과 다른 모습의 자식을 기른다. 부모로서 자식을 기르는 것과 교사로서 학생을 가르치는 것은 비슷하면서도 전혀 다른 경험이다. 교사로서 학생을 가르치는 것과 부모로서 자식을 기르는 것 사이에 생기는 미묘하면서도 큰 차이는 궁극적으로 교사의 삶에서 나침반의 방향을 잡는 데 영향을 준다. 그것은 부모인 교사가 자기 자식을 잘 키워서가 아니다. 학생을 잘 가르쳤듯, 자식도 잘 키울 수 있다고 생각하는 교사는 자신이 성공적으로 가르쳤던 경험을 자식에게 투영한다. 그 과정에서 많은 실수와 실패를 겪는다. 자식은 학생이 아니기 때문이다.

교사는 학생을 가르치면서 혹은 자식을 키우면서 기쁨과 희열의 순간보다 실패와 좌절의 경험을 더 많이 하고 더 오래 기억에 남는다. 학생에게 나침반은 교사지만 그 역할은 쉽지 않다. 대신 학생에겐 나침반의 역할을 해야 한다. 쉽지 않다. 교사는 실패와 좌절의 과정을 매년, 매달, 매번 반복한다. 그 과정에서 흔들렸다가도 다시 돌아오는 오뚝이를 넘어 지향해야 할 방향을 제시하는 나침반의 역할을 해야 한다. 시킨다고 하라고 해서 되는 것이 아니다.

그것이 교사의 길이라고 여기는 것은 더 흔들리는 학생과 자식이 교사와 부모인 자신을 바라보기 때문이다. 실패와 좌절에서도, 흔들리면서도, 길을 찾는 나침반의 역할을 해야 하는 모순적인 상황을 교사는 겪는다. 자식과 학생 앞에서 어른의 역할을 해야 한다. 어른의 역할이 곧 나침반의 모습이다.

교사가 되고 나면 자신이 보고 배울만한 선배를 찾기 어렵다. 경력이 늘어가면 더욱더 찾기 힘들다. 하지만 학생들 앞에서 어른과 나침반의 역할을 해야 하는 것도 교사의 숙명이다. 수업 시간 교실에서 아이에게 어른의 앞모습을 보여준다. 앞모습이란 아이가 배워야 할 것을 직접 알려주고 가르친다는 의미다. 가정에서 자식에겐 어른으로서 뒷모습을 보여준다. 뒷모습이란 자식이 보고 배울 수 있도록 행동으로 보여준다는 의미다. 아이가 성숙한 어른으로 성장할 수 있도록 가르치고, 보여주는 것이 교사와 부모가 하는 나침반의 역할이다. 역할은 정해졌지만, 끊임없이 흔들리며 고민하는 것이 교사의 삶 그 자체이다.

다시 〈홀랜드 오퍼스〉의 마지막 장면을 돌아본다. 홀랜드에게 배웠던 수많은 제자가 스승을 위해 펼쳤던 연주는 감동 그 자체다. 무엇이 제자들을 그렇게 만들었을까? 제자들은 모두 각자의 자리에서 자신의 삶을 개척하며 살고 있다. 스승에게 배운 것은 제자의 삶에 바탕이 된다. 제자가 삶을 개척하며 사는 것은 스승에게 배운 것에 자신의 경험을 더해 좀 더 나은 삶을 살아간다. 기초와 기본 위에서 각기 다른 제자의 삶을 살아가는 것이 청출어람이다. 그러나 청색에서 태어나 청색과 다른 남색이 되었어도 남색은 청색의 빛을 가지고 있다. 이것이 스승에게 가르침을 받는다는 사승(師承)이다.

사승은 제자들의 삶의 방향이 흔들릴 때 보여줬던 스승의 가르침이 녹아 이어진 것이다. 답이 없고 지난하며 교사 자신도 방향을 잡지 못해 허우적거릴 때 교사를 쳐다보고 함께 하는 아이들에게 부끄럽지 않도록 보여주려 했던 가르침의 모든 행위가 아이들에겐 나침반이었다.

홀랜드 오퍼스(Mr. Holland's Opus, 1995)

감독 : 스티븐 헤렉

출연 : 리처드 드레이퍼스(글랜 홀랜드 역), 글렌 헤들리(아이리스 홀랜드 역), 제이 토머스(빌 메이스터 역), 윌리암 H. 머시(윌터스 역) 외

선생님의 삶은 실패가 아닙니다.

부와 명성보다 더 성공하셨기 때문입니다.

우리는 선생님 덕에 훌륭히 성장했습니다.

우리가 선생님의 작품이며 교향곡입니다.

영화 〈홀랜드 오퍼스〉 중에서

나오며

  교사가 등장하는 영화를 보면서 영화가 하는 이야기와 교사로서 받아들이는 이야기가 달랐다. 현실 속 교사의 삶을 있는 그대로 영화로 표현하는 것은 불가능하다. 그것은 영화가 지닌 속성 때문이다. 2시간 남짓한 시간 동안 기승전결의 구조를 가져야 하는 영화의 특성상 펼쳐지는 이야기는 더 자극적이고 더 그럴듯한 무언가를 담고 있어야 한다. 그러기엔 현실의 교사의 삶은 반복적이며 단조롭다. 큰 이벤트보다는 소소한 일상이 주를 이룬다.

  그러나 소소하게 보이는 일상에 담긴 이야기는 작지 않다. 교실 속의 이야기는 현실 세계의 축소판이다. 생로병사와 희로애락이 펼쳐진다. 하지만 그 속의 이야기는 아이들과 교사만 공유하다 시간이 흐르고 학년이 올라가거나 졸업하면 사라진다.

  학교와 교실이라는 같은 공간에서 겪었던 일은 졸업을 하고 학년이 올라가면서 아이와 교사는 각자의 방식으로 서로 다른 기억으로 저장한다. 아이는 성장하면서 새로운 기억으로 대체하지만, 교사는 비슷한 종류의 기억이 켜켜이 쌓인다.

영화 속 교사의 이야기는 볼 때마다 달랐다. 처음엔 영화 속 교사의 처지에서 보다가 다시 보면 교사 주변의 이야기가 보였다. 또다시 보면 교사와 주변의 이야기 속에 비거나, 생략되거나, 비약된 이야기도 보였다. 같은 영화를 보면 볼수록 보이지 않던 것들이 보였다. 영화가 달라진 것이 아니라 영화를 보는 나 자신이 달라져 있었단 사실을 뒤늦게 알았다.

영화는 교사에게 무슨 말을 걸었을까? 가르침과 배움에서 벌어지는 감동적인 이야기, 아픈 이야기, 웃고 즐길 수 있는 이야기로 다가왔다. 그렇다면 교사인 나는 영화를 어떻게 봤을까? 감동적인 이야기를 보면서 감동만 할 수 없었고, 아픈 이야기를 보며 힘들어했으며, 웃고 즐기는 이야기를 보며 교육의 현실을 그리지 않거나 빠진 맥락을 찾아냈다.

교사가 나오는 영화를 보며 푹 빠져서 보지 못하고 한발 거리를 두고 매의 눈으로 봤음을 고백한다. 감동에서 오는 놀라움과 기쁨보다 아프고 슬픈 이야기가 더 가슴에 와닿았다. 그것은 교사로 살고 있는 지금의 현실이 영화 속 현실과 다르지 않거나 혹은 과거에 겪었던 아픔이 지금도 계속되고 있음을 자각했기 때문이다.

그럼에도 영화 속 교사들에게 고마움을 느낀다. 아픔을 함께하고 슬픔을 나누며 아이들을 가르치는 데 동서양이나 과거와 현재의 구분 없이 교사라면 누구나 비슷한 마음을 가졌다는 것을 느꼈다. 슬픔과 아픔이 고통과 상처가 되는 것이 아니라 현실을 바라보며 더 이상 좌절하지 않겠다는 다짐을 하는 이상한 현상도 느꼈다. 현실적인 것 같으면서도 비현실적이고, 논리적인 것 같으면서도 구석구석 비거나 빠진 것이 많았다. 거기에다 가슴 뭉클했던 장면을 하나하나 분석해서 보면 무엇 때문에 감정이 흔들렸는지 논리적인 근거를 찾기 어려웠다. 그럼에도 불구하고 영화는 현실을 보여주는 또 다른 창이었고, 고민과 생각을 깊게 하는 도구였으며, 타인과 깊은 대화와 교류를 할 수 있는 소재가 되었다. 이것 역시 영화가 가진 힘이라 생각한다.

원고를 쓰기까지 거의 3년의 시간이 흘렀다. 쉽게 쓸 것 같았지만 가장 어려운 글쓰기였다. 가장 오래 했고, 가장 자신 있었으며, 가장 잘한다고 생각했던 영화 보기와 글쓰기는 교사로 살고 있는 나의 내면 깊숙이 들어가면서 또 다른 느낌으로 다가왔다. 영화 속 교사와 학교의 모습에서 기쁨과 슬픔, 희망과 절망, 기대와 좌절이 교차했다. '죽은 교사의 사회'는 슬픔 속에서 기쁨이, 절망 속에서 희망이, 좌절 속에서 기대를 품고 싶었던 나의 소망을 역설적으로 표현한 제목이다.

나와 함께 25편의 영화 이야기를 함께 하며 이 글을 읽는 독자들에게 고마움을 전한다. 무엇보다 이 어려운 작업을 포기하지 않고 끝까지 할 수 있도록 격려해 준 케렌시아 허병민 대표에게 가장 큰 고마움을 전한다.

죽은 교사의 사회

초판 1쇄 발행 2024년 3월 29일

지은이 / 차승민
그린이 / 나보영

발행 / 케렌시아
인쇄 / (주)다해씨앤피
일원화 구입처 / 031-407-6368 (주)태양서적
등록 / 2021년 11월 18일 (제386-2021-000096호)
이메일 / niceheo76@gmail.com

ISBN 979-11-985243-1-7 （03770）